海上絲綢之路基本文獻叢書

華茶對外貿易之回顧與前瞻

華茶的對外貿易

中央銀行經濟研究處 編／錢承緒 編著

文物出版社

圖書在版編目（CIP）數據

華茶對外貿易之回顧與前瞻・華茶的對外貿易 / 中央銀行經濟研究處編 ； 錢承緒編著． -- 北京 ： 文物出版社， 2022.7
（海上絲綢之路基本文獻叢書）
ISBN 978-7-5010-7627-7

Ⅰ．①華… Ⅱ．①中… ②錢… Ⅲ．①茶葉－對外貿易－貿易史－研究－中國－近代 Ⅳ．①F752.95

中國版本圖書館 CIP 數據核字（2022）第 086569 號

海上絲綢之路基本文獻叢書

華茶對外貿易之回顧與前瞻・華茶的對外貿易

編　　者：中央銀行經濟研究處　錢承緒
策　　劃：盛世博閱（北京）文化有限責任公司

封面設計：鞏榮彪
責任編輯：劉永海
責任印製：張道奇

出版發行：文物出版社
社　　址：北京市東城區東直門内北小街 2 號樓
郵　　編：100007
網　　址：http://www.wenwu.com
經　　銷：新華書店
印　　刷：北京旺都印務有限公司
開　　本：787mm×1092mm　1/16
印　　張：14.375
版　　次：2022 年 7 月第 1 版
印　　次：2022 年 7 月第 1 次印刷
書　　號：ISBN 978-7-5010-7627-7
定　　價：98.00 圓

總緒

海上絲綢之路，一般意義上是指從秦漢至鴉片戰争前中國與世界進行政治、經濟、文化交流的海上通道，主要分爲經由黄海、東海的海路最終抵達日本列島及朝鮮半島的東海航綫和以徐聞、合浦、廣州、泉州爲起點通往東南亞及印度洋地區的南海航綫。

在中國古代文獻中，最早、最詳細記載『海上絲綢之路』航綫的是東漢班固的《漢書·地理志》，詳細記載了西漢黄門譯長率領應募者入海『齎黄金雜繒而往』之事，書中所出現的地理記載與東南亞地區相關，并與實際的地理狀况基本相符。

東漢後，中國進入魏晋南北朝長達三百多年的分裂割據時期，絲路上的交往也走向低谷。這一時期的絲路交往，以法顯的西行最爲著名。法顯作爲從陸路西行到印度，再由海路回國的第一人，根據親身經歷所寫的《佛國記》（又稱《法顯傳》）一書，詳細介紹了古代中亞和印度、巴基斯坦、斯里蘭卡等地的歷史及風土人情，是瞭解和研究海陸絲綢之路的珍貴歷史資料。

隨着隋唐的統一，中國經濟重心的南移，中國與西方交通以海路爲主，海上絲綢之路進入大發展時期。廣州成爲唐朝最大的海外貿易中心，朝廷設立市舶司，專門管理海外貿易。唐代著名的地理學家賈耽（七三〇～八〇五年）的《皇華四達記》記載了從廣州通往阿拉伯地區的海上交通『廣州通夷道』，詳述了從廣州港出發，經越南、馬來半島、蘇門答臘半島至印度、錫蘭，直至波斯灣沿岸各國的航綫及沿途地區的方位、名稱、島礁、山川、民俗等。譯經大師義净西行求法，將沿途見聞寫成著作《大唐西域求法高僧傳》，詳細記載了海上絲綢之路的發展變化，是我們瞭解絲綢之路不可多得的第一手資料。

宋代的造船技術和航海技術顯著提高，指南針廣泛應用於航海，中國商船的遠航能力大大提升。北宋徐兢的《宣和奉使高麗圖經》詳細記述了船舶製造、海洋地理和往來航綫，是研究宋代海外交通史、中朝友好關係史、中朝經濟文化交流史的重要文獻。南宋趙汝適《諸蕃志》記載，南海有五十三個國家和地區與南宋通商貿易，形成了通往日本、高麗、東南亞、印度、波斯、阿拉伯等地的『海上絲綢之路』。宋代爲了加强商貿往來，於北宋神宗元豐三年（一〇八〇年）頒佈了中國歷史上第一部海洋貿易管理條例《廣州市舶條法》，并稱爲宋代貿易管理的制度範本。

元朝在經濟上採用重商主義政策，鼓勵海外貿易，中國與歐洲的聯繫與交往非常頻繁，其中馬可•波羅、伊本•白圖泰等歐洲旅行家來到中國，留下了大量的旅行記，記録元代海上絲綢之路的盛况。元代的汪大淵兩次出海，撰寫出《島夷志略》一書，記録了二百多個國名和地名，其中不少首次見於中國著録，涉及的地理範圍東至菲律賓群島，西至非洲。這些都反映了元朝時中西經濟文化交流的豐富内容。

明、清政府先後多次實施海禁政策，海上絲綢之路的貿易逐漸衰落。但是從明永樂三年至明宣德八年的二十八年裏，鄭和率船隊七下西洋，先後到達的國家多達三十多個，在進行經貿交流的同時，也極大地促進了中外文化的交流，這些都詳見於《西洋蕃國志》《星槎勝覽》《瀛涯勝覽》等典籍中。

關於海上絲綢之路的文獻記述，除上述官員、學者、求法或傳教高僧以及旅行者的著作外，自《漢書》之後，歷代正史大都列有《地理志》《四夷傳》《西域傳》《外國傳》《蠻夷傳》《屬國傳》等篇章，加上唐宋以來衆多的典制類文獻、地方史志文獻，集中反映了歷代王朝對於周邊部族、政權以及西方世界的認識，都是關於海上絲綢之路的原始史料性文獻。

海上絲綢之路概念的形成，經歷了一個演變的過程。十九世紀七十年代德國地理學家費迪南・馮・李希霍芬（Ferdinad Von Richthofen，一八三三～一九〇五），在其《中國：親身旅行和研究成果》第三卷中首次把輸出中國絲綢的東西陸路稱爲『絲綢之路』。有『歐洲漢學泰斗』之稱的法國漢學家沙畹（Édouard Chavannes，一八六五～一九一八），在其一九〇三年著作的《西突厥史料》中提出『絲路有海陸兩道』，蘊涵了海上絲綢之路最初提法。迄今發現最早正式提出『海上絲綢之路』一詞的是日本考古學家三杉隆敏，他在一九六七年出版《中國瓷器之旅：探索海上的絲綢之路》中首次使用『海上絲綢之路』一詞；一九七九年三杉隆敏又出版了《海上絲綢之路》一書，其立意和出發點局限在東西方之間的陶瓷貿易與交流史。

二十世紀八十年代以來，在海外交通史研究中，『海上絲綢之路』一詞逐漸成爲中外學術界廣泛接受的概念。根據姚楠等人研究，饒宗頤先生是華人中最早提出『海上絲綢之路』的人，他的《海道之絲路與昆侖舶》正式提出『海上絲路』的稱謂。選堂先生評價海上絲綢之路是外交、貿易和文化交流作用的通道。此後，大陸學者馮蔚然在一九七八年編寫的《航運史話》中，使用『海上絲綢之路』一詞，這是迄今學界查到的中國大陸最早使用『海上絲綢之路』的人，更多地限於航海活動領域的考察。一九八〇年北京大學陳炎教授提出『海上絲綢之路』研究，并於一九八一年發表《略論海上絲綢之路》一文。他對海上絲綢之路的理解超越以往，且帶有濃厚的愛國主義思想。陳炎教授之後，從事研究海上絲綢之路的學者越來越多，尤其沿海港口城市向聯合國申請海上絲綢之路非物質文化遺産活動，將海上絲綢之路研究推向新高潮。另外，國家把建設『絲綢之路經濟帶』和『二十一世紀海上絲綢之路』作爲對外發展方針，將這一學術課題提升爲國家願景的高度，使海上絲綢之路形成超越學術進入政經層面的熱潮。

與海上絲綢之路學的萬千氣象相對應，海上絲綢之路文獻的整理工作仍顯滯後，遠遠跟不上突飛猛進的研究進展。二〇一八年厦門大學、中山大學等單位聯合發起『海上絲綢之路文獻集成』專案，尚在醞釀當中。我們不揣淺陋，深入調查，廣泛搜集，將有關海上絲綢之路的原始史料文獻和研究文獻，分爲風俗物産、雜史筆記、海防海事、典章檔案等六個類別，彙編成《海上絲綢之路歷史文化叢書》，於二〇二〇年影印出版。此輯面市以來，深受各大圖書館及相關研究者好評。爲讓更多的讀者親近古籍文獻，我們遴選出前編中的菁華，彙編成《海上絲綢之路基本文獻叢書》，以單行本影印出版，以饗讀者，以期爲讀者展現出一幅幅中外經濟文化交流的精美畫卷，爲海上絲綢之路的研究提供歷史借鑒，爲『二十一世紀海上絲綢之路』倡議構想的實踐做好歷史的詮釋和注脚，從而達到『以史爲鑒』『古爲今用』的目的。

凡例

一、本編注重史料的珍稀性，從《海上絲綢之路歷史文化叢書》中遴選出菁華，擬出版百册單行本。

二、本編所選之文獻，其編纂的年代下限至一九四九年。

三、本編排序無嚴格定式，所選之文獻篇幅以二百餘頁爲宜，以便讀者閱讀使用。

四、本編所選文獻，每種前皆注明版本、著者。

五、本編文獻皆爲影印，原始文本掃描之後經過修復處理，仍存原式，少數文獻由於原始底本欠佳，略有模糊之處，不影響閲讀使用。

六、本編原始底本非一時一地之出版物，原書裝幀、開本多有不同，本書彙編之後，統一爲十六開右翻本。

目録

華茶對外貿易之回顧與前瞻

華茶對外貿易之回顧與前瞻

中央銀行經濟研究處 編

民國二十四年上海商務印書館排印本

中央銀行叢刊

華茶對外貿易之回顧與前瞻

中央銀行經濟研究處編

商務印書館發行

中央銀行叢刊

華茶對外貿易之回顧與前瞻

中央銀行經濟研究處編

商務印書館發行

目次

華茶對外貿易之回顧與前瞻

我國自與世界各國通商以來，絲茶卽爲國際貿易之大宗輸出品。在初期貿易中茶之地位尤爲重要，常佔我國輸出總値百分之六七十或四五十。數十年來，以不善於經營之故，茶之出口額非獨未隨出口貿易之增加而增高，且在量的方面減少一半有餘，卽由最盛時期（一八八〇年至一八八八年）之年輸二百餘萬擔降至現在僅年輸七八十餘萬擔，由佔輸出總額百分之五六十降至現在僅占輸出總額百分之三四。近年我國對外貿易，入超日見增加，現金流出年甚一年，勢非增加輸出，將必無法制止。而我國對外輸出向以農產品及各種原料爲大宗，今欲增高輸出貿易，勢非先從增加此兩類輸出品入手不可。且爲救濟目前衰落之農村計，亦非設法增高農產品之輸出不可。玆擬於本文將過去與現在華茶貿易之概況檢討一過，藉以預測貿易之前途，以供有復興中國茶葉貿易責任者之參考。

一　華茶之產區及產額

（一）

一　華茶之產區及產額

我國爲世界產茶最主要之國家，產茶區域分佈之廣，爲其他產茶國所不及。內地十八省中，有產茶區域者計有十六省。產茶之主要省分爲安徽、江西、湖南、湖北、福建、浙江六省；次爲四川、雲南、廣東三省；再次爲江蘇、廣西、貴州、河南、山東、甘肅、陝西等七省。茲將各省產茶之縣分舉述如下。

安徽　安徽之產茶地，以舊徽州府屬之績溪、歙縣、祁門、婺源、黟縣、休寧六縣爲最著；其他如秋浦、寧國、霍山、鳳陽、太平、廬江等縣亦爲產茶之地。績溪、祁門、及江西之浮梁，皆與祁門隣近，所產之茶統稱祁門茶。六安、霍山之茶，統名六安茶，歙縣休寧等縣與新安江流域所產之茶多集中於屯溪，故又稱屯溪茶。徽茶中以徽州各縣之綠茶及祁門之紅茶最稱著於世。

江西　江西產茶之區分佈於四十九縣，即德安、瑞昌、浮梁、彭澤、寧都、修水、新建、進賢、奉新、靖安、星子、永修、清江、新喻、贛縣、會昌、尋鄔、上饒、廣豐、弋陽、橫峯、崇仁、永豐、遂川、南城、武寧、都昌、安義、新淦、興國、信豐、安遠、玉山、鉛山、貴溪、臨川、東鄉、泰和、南豐、宜春、萍鄉、崇義、上高、分宜、南康、吉安、高安、宜豐、定南等縣，中以寧都及修水之茶爲最著，其次以瑞昌、浮梁、武寧、遂川、玉山等縣所產爲佳。

湖南　湖南之產茶地分佈於臨湘、岳陽、平江、益陽、湘潭、醴陵、安化、瀏陽、湘陰、湘縣、桃源、常德、新化、石門、長沙、寧鄉、茶陵、零陵、祁陽、武崗、衡陽、衡山、沅江、會同、黔陽、永明、慈利、寶慶等二十八縣。以平江之長壽街，臨湘之聶家市爲最著。

湖北　湖北產茶縣分共有三十五，卽通城、咸寧、崇陽、漢陽、蒲圻、通山、陽新、宜都、興山、黄安、羅田、長陽、五峯、宜昌、南漳、穀城、均縣、廣濟、黄梅、蘄城、蘄水、恩施、利川、鄖縣、竹山、宣恩、咸豐、建始、安陸、應城、潛江、鶴峰、當陽、遠安、大治等縣。中以通山、崇陽、蒲圻、鶴峰、咸陽五縣所產之茶爲佳，尤以蒲圻羊樓峒之茶爲最佳。

福建　福建產茶之地分爲東西北三路。東路卽閩江以東舊福州府及延平府之一部，如沙縣及閩侯等縣；西路卽舊建寧府，邵武府及延平府之一部，如崇安、建甌、政和、松溪、建寧、陽建、閩清、光澤、沙縣、永安、順昌、將樂、尤溪等縣；北路卽舊建寧府及福寧府之一部，如福鼎、福安、霞浦、壽寧、寧德、羅源、古田、屏南、安溪、漳平、寧陽等縣。東西兩路之中，其主要產地爲沙縣、崇安、建安，其次爲建甌、政和、永安、順昌；北路產茶最豐，占福建茶總量之半數。

浙江　浙省產茶地在紹興（平水鎮）嵊縣、上虞、蕭山、諸暨、餘姚、新昌、杭縣、餘杭、臨安、寧波、溫州、處州、湖州、金華、嘉興等縣，以平水茶（綠茶）最著名。杭縣、湖州、金華等處之茶通稱杭州茶，包括烏龍茶及綠茶兩種。龍井茶產於西湖西北天竺山南麓龍井村，爲浙茶之上品。

四川　四川產茶縣分共有十八，卽灌縣、安縣、茂縣、高縣、宜賓、屏山、敍永、懋功、開縣、瀘縣、寧遠、綏安、龍安、嘉定、雅州、夔州、順慶、重慶等縣。

雲南　雲南產茶地在昆明、羅平、宜良、瀾滄、佛海、順寧、易武、五福、雙江、鎮康、江城、雲縣、大關、廣南、思茅、保山、景谷、景東、元江等十九縣；此外如新平、鎮沅等縣亦有小區域之產茶地，中以昆明縣十里舖所出之十里茶最著名，在清代爲貢品。

廣東　廣東有八縣產茶，此八縣卽番禺、南海、高要、鶴山、清遠、惠陽、連平、紫金。

江蘇　江蘇產茶地在常州、鎮江、松江、江寧、揚州五縣，茶區甚小。

廣西　產茶縣分共四，卽梧州、平樂、桂林、柳州。

貴州　貴州茶之產地爲貴陽、思州、安順、興義、都匀、平越、石阡、遵義等八縣。

河南　產茶縣分共五，卽固始、商城、光山、信陽、羅山。

山東　山東產茶之地甚稀，僅濟寧、萊蕪、登州三縣。

甘肅　僅有兩縣產茶，卽蘭州、鞏昌二縣。

陝西　僅有紫陽一縣產茶。

以上十六省之植茶面積，據農商部在民國四年至民國八年的調查，除雲南、河南、甘肅、山東四省無統計外，其餘十四省共有植茶面積五百三十五萬三千三百五十五畝。各省產量，除甘肅與山東無統計外，每年共有五百五十一萬九千五百七十四擔。農商部的統計之不可靠，祇須以產地面積與產額兩項數字對照觀之，卽可看出。例如貴州之產地面積爲一千六百四十五畝，而產額竟有二十七萬八千五百九十四擔，每畝產量竟有一百六十九擔之多。又如江蘇產茶縣分僅有五縣，而植茶面積竟有八十八萬五千九百七十七畝，較湖北三十五縣之植茶面積（六十九萬四千五百二十七畝）猶多，其統計之不可靠於此可見。

關於全國植茶面積，現時尙無較爲可靠之統計可供參考，至於產額，則有人作過估計，玆略述之。有一對中國工業具有經驗之某英人曾在錫蘭觀察報(Ceylon Observer)上發表一文，謂中國全國植茶面積共有三百萬畝，全年產量共有六萬萬磅，約合二、七二二、一四七擔。大英百科全書謂我國每人每年所消茶量爲五磅，以估計之人口額四二七、〇〇〇、〇〇〇人計算，則每年全國所消費之茶量共爲二、一三五、〇〇〇、〇〇〇磅，約合一千六百萬擔，加上出口量一百五十萬擔之數，則總額爲一千七百五十萬擔以上。兩數皆不可靠，前者似失之過低，後者無疑失之過高。從全國人口總額估計全國消茶數量，本可對於全國產額得一約略概念，但以目前中國尙無每人每年平均消費之確數，故亦難得一較可相信之估計。曾有人借用臺灣人民之消費量來作估計，謂臺灣人民生活程度與國人略相等，其人民每人每年之平均消費量當與華人相差不遠。按臺灣人民每人每年之平均消費量爲一斤半，假定中國每人每年最低之消費量爲一斤，則每年中國所消費之茶量應爲四二七、〇〇〇、〇〇〇斤，或四、二七〇、〇〇〇擔。設使國人之消費量與臺人相等，則中國每年所消費之茶葉應爲六、三〇〇、〇〇〇擔。俄人托加雪夫 (Boris P. Torgasheff, China As A Tea Producer 之作者) 以爲中國茶之生產及消費量當在此二數間，爲求其近似起見可取其折衷數，即每年共消費茶葉五、五〇〇、〇〇〇擔，加上輸出之一百五十萬擔，則全國產茶量約爲七百萬擔或九三三、一〇〇、〇〇〇磅，然吾人以爲與其取折衷數，尙不如取最低之消費量（即每人每年一斤）以作估計之較合事實。蓋我國人口中約有百分之八十皆爲農民，而其中貧農又佔多數，茶之消費在中國中等之家自可視爲日用品，而在一般貧乏之農民生活中，連因病吃藥且不易辦到，則茶之成爲不可輕易一嘗之奢侈品亦可想見。故除一般植茶之農戶及居於茶區附近之農戶而外，在普通農民生活中，茶之消費量恐絕難至每人每年一斤餘（即按托加雪夫之折衷數而言。）今既無法估定此項消費量較城市人民爲低之農民額數，爲其另作消費估計，則在假定我國人民每年每人之平均消費量時，當以取最低數爲宜。故與其如托加雪夫之取折衷數，尙不如直接假定中國人民每人每年之茶葉消費量爲一斤，全國每年約消費茶葉四、二七〇、〇〇〇擔。加以在貿易平穩時期中每年之輸出數一、五〇〇、〇〇〇擔，則每年全國之產額約爲五、七七〇、〇〇〇擔，此數較托加雪夫所取之折衷數少一、二三〇、〇〇〇擔。然此種估計數字亦僅可以略示民國十七年以前國內較爲平靜時之生產狀況。十七年以後主要之產茶省分如江西、福建、湖北、湖南等省有大部分之產茶地方遭匪蹂躪數年，安徽省亦有一部分，故近年全國之產茶量當必減少不少。雖於輸出方面並未因此發生影響，但國內之銷數必較前減少。

二　茶之種類

華茶之名目甚繁，故俗有「茶葉賣到老名字認不了」之語。分類方法，計有四種：一按製造方法分類，二按採摘時期分類，三按製造地分類，四按生產地分類。國內外貿易中最通用之名目，多由第一項分類方法所定，其餘三項分類所定名色多在國內製茶及採購之商人間通用。前二項分類可以示出各茶之性質，較爲重要，茲擬分述之，餘二項則從略。

（一）由製造方法分類　由此分類之茶共有六類，即紅茶、綠茶、烏龍茶、磚茶、毛茶、茶末及茶梗。紅綠茶及磚茶又分數種，茲舉述於下。

（甲）紅茶　紅茶共有十餘種，其主要者有四：（1）工夫茶，以製造最費工夫得名，茶汁呈深褐色，在英美及俄國最有名。（2）小種茶，與工夫茶同類，惟茶葉較粗；此外另有一種小種茶，外人多稱爲僧人小種，係武彝山僧人所採製者。小種茶多銷德法。（3）白毫茶，此茶以葉小稱著，上有細毫，外觀甚美，多銷印度。另有採花白毫及香白毫兩種，前者葉上呈細絨白毫，由早春之花芽摘製，製時不經過發酵程序；後者與下述珠蘭茶相似，惟攙入之花在裝箱時並不移去，多銷英美兩國。（4）珠蘭茶，此即以普通紅茶混合珠蘭或茉莉製成之茶花香入茶後卽將花移去。

(乙)綠茶　主要綠茶分爲珠茶雨前熙春三類，各類又分數種，茲列舉如下。

綠茶
- 珠茶
  - 小珠
    - 蔴珠(小)……俗名蚤目
    - 寶珠(中)……俗名蟻目
    - 芝珠(大)……俗名蠅目
  - 大珠
    - 珍珠(小)……俗名蝶目
    - 圓珠(中)……俗名蝦目
    - 熙珠(大)……俗名蛾目
- 熙春
  - 眉熙
  - 正熙
  - 副熙
- 雨前
  - 雨前
  - 蛾雨
  - 蟻雨
  - 芽雨
  - 副熙

小珠係由嫩芽製成，與採花白毫相似，其葉皆捲成小球，故名小珠，球愈小則價愈貴。茶汁呈草黃色而

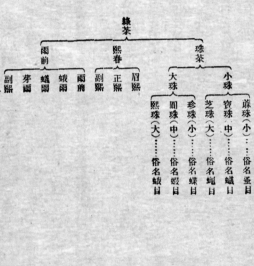

無沈澱，爲綠茶中之珍品。大珠係由製剩小珠之茶所製，其葉多已揉碎。茶汁呈淡紅色，有沈澱而味頗苦。熙春爲老葉製成，茶味頗苦，雨前茶之葉亦呈捲形，由未十分成熟之嫩葉製成。

(丙)烏龍茶　烏龍茶之製法介於紅綠茶製法之間。採茶後，先使之醱酵，迨醱酵程度稍進，即置於鍋中蒸之，使醱酵作用停止，然後再焙乾之。其形似紅茶，其味似綠茶，多銷美國及暹邏。另有一種包種茶，亦爲烏龍茶，惟配有茉莉，珠蘭，黃枝等香花，以包裝特別得名，每包計重四兩。

(丁)磚茶　磚茶分紅磚茶、綠磚茶、及小京磚茶三種。紅磚茶以製紅茶時所篩遺之碎葉（多稱花香茶）及茶末茶梗等混合壓成，其形似磚故名。綠磚茶之製法亦如紅磚茶，惟盡用較粗之夏茶爲原料，不攙雜茶末及茶梗等。小京磚茶之製法亦同，惟所用原料盡爲製紅茶時所篩遺之茶屑。

(戊)毛茶　毛茶即僅經過日曬不加製造之茶。

(己)茶末茶梗　茶末及茶梗即製茶所遺下之碎葉、茶屑、及茶梗等物。茶末多稱花香，近年多銷英俄。

(二)由採摘時期分類　此項分類大別有二，即分春茶與夏茶，各分兩次採摘。頭期春茶稱頭幫茶或頭春茶，採摘期在穀雨前十五日；第二期春茶稱二幫茶或二春茶，採摘期在穀雨後十日。頭期夏茶採摘期在穀雨後二十日至四十日間，稱三幫茶或三春茶；第二期在採摘三幫茶後一月，稱四幫茶或四春茶。

總括而言，華茶分類不外紅茶、綠茶、磚茶、及雜茶（如毛茶、茶末、茶梗等）四大類。烏龍茶通常皆歸入紅茶一類。至於各茶之產地，則紅茶多產於湖南、湖北、福建、及江西與安徽之一部分；綠茶多產於浙江、安徽、及福建，兩湖及江西亦有一部產綠茶。至磚茶之製造中心則在漢口。

三 貿易之回顧

貿易初期

在鴉片戰爭（一八四二年）前，與我國通商之主要國家，首爲英國，故華茶之大量輸出亦以至英爲先，按華茶入英係由英國東印度公司首開其端。在一六六〇年該公司曾購華茶二磅二盎斯至英，獻與英皇。一六六七年又由該公司購入二百磅。至於大量輸入則在一六七八年，是年該公司輸入英國之華茶共爲四千七百十二磅（約合三十五擔），曾供數年之消費。十七世紀末年平均每年華茶輸入英國之數爲二千磅，約合十四擔。在十八世紀中英人及歐洲人之嗜茶者日增，在該世紀之末年英人每人平均每年之消費量已超過二磅，故在此一百年中英人對於華茶之需要逐漸增加，其他有嗜茶習慣之國家亦多向英國轉購華茶，蓋此時世界各國所需之茶全由中國供給。至一八三〇年英國輸入華茶之數量已增至三千萬磅（約合十三萬六千七百餘擔）。此時華茶在中國對外貿易中爲唯一之大宗輸出品，絲及其他貨物之輸出價值僅及輸出茶葉價值八分之一。嗣後續有增加，在一八四八年至一八五〇年間華茶輸出數量每年約爲三十五萬擔，其中有二十五萬擔由廣東輸出。至一八六六年（同治五年）輸出總量竟增至一百萬擔以上（是年輸出一、一九二、一三八擔），由此華茶貿易遂入興盛時期。

興盛時期

華茶貿易之興盛時期由一八六六年開端，至一九一七年止，爲時共五十二年。茲將此五十二年中每五年間之每年平均輸出總擔數列示如下。

一八六六年至一九一七年每五年間平均每年輸出數量

一八六六——一八七〇年	一、三八一、四九四擔
一八七一——一八七五年	一、七二五、一六六擔
一八七六——一八八〇年	一、九三一、一〇六擔
一八八一——一八八五年	二、〇五七、三八四擔
一八八六——一八九〇年	二、〇〇四、九三四擔
一八九一——一八九五年	一、七八四、三〇八擔
一八九六——一九〇〇年	一、五五九、七四四擔

一九〇一——一九〇五年	一、四三五、〇五六擔
一九〇六——一九一〇年	一、五二九、九二六擔
一九一一——一九一五年	一、五三二、九五二擔
一九一六年	一、五四二、六三三擔
一九一七年	一、一二五、五三五擔

從上表可見到，一八六六年至一八七〇年尚不過爲興盛初期，以後逐年增加至一八八一——一八九〇年間已入極盛時期，此十年中除一八八三、一八八九及一八九〇年三年之輸出數未超過二百萬擔外，餘年之輸出數皆在二百萬擔以上，以一八八六年之數最高，是年共輸出二、二一七、二九五擔，爲華茶貿易有史以來最高之記錄。一八八九年之輸出數減至一、八七七、三三一擔，以後各年雖未大減，惟亦從未超過此數。然自一八九〇年至一九一六年二十六年間之貿易亦可稱平穩，蓋每年實際之輸出數量皆在一百五十萬擔左右（參閱楊端六等編六十五年中國國際貿易統計第三十五頁第八表）初未驟然下降也。至一九一七年則衰落之兆現矣，是年輸出總量爲一、一二五、五三五擔，爲興盛時期以來最低之出口額，是年以後遂入衰落時期，直至近年爲止，歷年之輸出量皆未超過一百萬擔。

輸出華茶的種類，據海關統計，可分爲四大類，即紅茶、綠茶、磚茶及其他茶。其他茶包括毛茶、花燻、茶末、茶梗、及未列名茶。在上述五十二年中，此四類茶之輸出以紅茶爲最多，磚茶次之，再次爲綠茶，其他茶最少。

茲於未述各種華茶之銷路前，先一述各國運銷華茶之大要情形。

在華茶貿易初期中，英國爲華茶最大之銷場，其時輸英華茶不僅供給英國本國消費，即其他各國所需之茶，亦多間接取給於英。此種情形在興盛初期亦然。一八六〇年間英國輸入華茶之數量約占華茶出口總額百分之九十六，自非全數銷於英國，必有一部分轉銷於他國。此後直接輸入各國之數量雖增，但至一八九三年爲止，英國仍爲運銷華茶最多之國家。在一八八〇年華茶輸入英國之數量（共一、四五六、七四七擔），猶占我國輸出總額百分之七十。惟自是年以後，則逐漸減少，每年約減五萬擔至十萬擔。其原因即英國在本世紀初年起始在印度錫蘭培植之茶業，此時已能作大量之生產，英國爲其殖民地之茶闢銷路計，對於華茶之輸入，自當逐年減少。所幸自一八八五年以後，俄國對於華茶之需要逐漸增加，雖極盛時期之輸出量因英之逐年削減輸入量已不能再恢復，但自一八八六年以後，我國猶能維持一百五十萬擔左右之輸出總量至於一九一六年者，實有賴於俄國之增銷。在一八八五年英國輸入華茶共一百三十八萬八千餘擔，而華茶銷俄之數尙僅有四十三萬二千餘擔，相差幾二倍。但至一八九三年，華茶輸入英國之數已降至僅有六十萬擔，而輸俄之數則增至七十萬餘擔，前者約較一八八五年減低一倍，而後者則幾增一倍。自是年起，英國對於輸入華茶所居之首位，遂由俄國取而代之。是年以後，銷英之數仍下降，而銷俄之數亦續有增加至一九〇六——一九一〇年間英銷僅有二十餘萬擔，而俄銷則有九十餘萬擔，故市場雖有甚大之變遷，而華茶貿易之興盛期尚能延長二十餘年者實有賴於俄之增銷。

次於英俄之銷場爲美國，美國所需之茶最初多取給於英國，一八五〇年後直接輸入華茶之數始逐漸增加，在一八六七年直接輸入之數已有十九萬餘擔，至一八八〇年則增爲二十六萬九千餘擔。嗣後時增時減，其數量常在二十萬擔至三十萬擔間。惟至一九一〇年起則降至二十萬擔以下矣，輸入之數常在十五萬擔左右。茲將一八八二年至一九一七年間華茶運銷各國之百分比列於下表。

一八八二年至一九一七年華茶運銷各國百分比例表

年份	英國	香港	澳洲	美國	俄國（歐亞兩路）	其他各國
一八八二年	五〇·三六	八·二八	七·三七	一二·九五	一九·一八	一·八六
一八八三年	五〇·八〇	七·八八	五·七五	一三·七八	二〇·三五	二·四四
一八八四年	四七·六七	六·九三	六·九二	一三·五五	二二·二四	二·六九
一八八五年	四七·五二	八·四四	七·七八	一三·四七	二〇·三一	二·四八
一八八六年	四二·八二	七·〇三	六·七六	一三·七三	二七·〇二	二·六四
一八八七年	三七·八七	八·二二	八·一一	一三·〇八	三〇·九八	三·七四
一八八八年	三二·八八	七·一五	八·七八	一四·四三	三二·二五	四·五一

一八八九年	三三·四〇	七·二一	八·三八	一六·三九	二九·六九	四·九三
一八九〇年	二六·九一	七·〇一	七·一七	一六·六三	三六·三〇	五·九八
一八九一年	二五·一〇	六·〇一	六·四五	一六·八三	三八·八四	六·七七
一八九二年	二三·〇一	八·八二	七·八二	一九·六〇	三四·一二	六·六三
一八九三年	二一·三九	六·一四	五·三六	一九·九四	三九·八四	七·三三
一八九四年	一七·四七	五·五三	四·五八	二二·九〇	四四·〇二	六·五〇
一八九五年	一四·二六	四·二八	四·八三	一七·七二	五二·二二	六·六九
一八九六年	一三·五七	四·六三	二·九一	一三·九八	五六·六五	八·二六
一八九七年	一六·九六	三·八〇	二·三三	一四·四三	五六·四五	六·〇三
一八九八年	一三·七四	四·二九	二·九四	一〇·七七	六一·五〇	六·七六
一八九九年	一五·三九	三·四四	二·九八	一四·二四	五六·七〇	七·二五
一九〇〇年	一〇·三九	四·九四	三·五一	一九·六二	五一·一七	一〇·三七
一九〇一年	一二·四四	四·六七	一·一六	一六·八八	五四·六〇	一〇·二五
一九〇二年	七·八三	五·二一	〇·〇五	一九·八五	五九·五六	七·六〇
一九〇三年	一二·二八	七·二八	〇·一九	一九·四四	五〇·七〇	一〇·一一

一九○四年	二五·二九	七·九五	○·五六	一五·五七	二九·三三	二一·四○
一九○五年	二六·○六	六·一一	○·一四	一三·三○	四三·八六	一○·五三
一九○六年	六·二一	六·五一	○·一五	一○·八三	六六·八九	九·四一
一九○七年	九·七七	六·一六	○·四四	一二·五三	六一·四一	九·六九
一九○八年	七·五○	五·六九	○·三九	一三·二四	六一·二三	一一·九五
一九○九年	五·八二	六·八九	○·二七	一四·一五	六一·二二	一一·六五
一九一○年	八·二八	七·一○	○·四八	九·四三	六二·四二	一二·二九
一九一一年	一○·一○	七·九七	○·五九	八·九六	五六·五三	一五·八九
一九一二年	六·六一	六·四七	○·七三	一○·六三	五六·六七	一八·八九
一九一三年	五·二八	七·一七	○·七七	九·九七	六二·八三	一三·九八
一九一四年	九·四一	五·八一	○·五二	一一·四○	六○·三五	一二·五一
一九一五年	九·五四	六·六六	○·八六	七·七二	六五·二四	九·九八
一九一六年	七·七九	八·四○	○·一六	九·四四	六八·○六	六·一五
一九一七年	三·一一	六·九七	○·○五	一五·二五	六五·一八	九·四四

註：根據海關之（Decennial Reports 1922-1933）第一册

興盛期中各種華茶輸出之數量，上文已言，紅茶居首，磚茶次之，綠茶又次之。茲於下文分述各茶之消長及其市場之變遷。

紅茶之輸出在上述五十二年中始終皆居首位，惟其數量則自一八九〇年後逐漸減低，恰與磚茶之發展相反。在一八六八年（一八六六與一八六七兩年紅綠茶輸出數係合計）至八七〇年間每年輸出數約爲一百一二十萬餘擔。一八七一年至一八七六年間每年輸出增至一百三四十萬餘擔；一八七七年起至一八八八年止，又復增高至一百五六十餘萬擔。但至一八八九年忽減少二十餘萬擔，翌年又續減二十萬擔，惟以後五年之輸出數尚有一百一二十萬餘擔。自一八九六年起則降至一百萬擔以下而入衰落時期矣。其初數年猶有八九十萬餘擔，自一九〇一年後則又續減至六七十餘萬擔，與一八八〇年間之數量相較，幾減少三分之二。此爲截至一九一七年之情形，是年以後則每況愈下矣。欲明紅茶輸出減少之原因，自當一觀其市場之變遷。在一八九五年以前紅茶之最大銷場爲英國。在一八八六年以前輸入英國及香港之數，合計共在一百萬擔至一百二十萬擔間，約占紅茶輸出總額百分之七十左右。至其趨勢，則頗有下減之傾向。一八八七年之輸出額即降至九十二萬餘擔，較前約減少十萬餘擔，以後二年之輸出雖尚能保持七八十萬餘擔之數，但自一八九〇年以後則急轉直下，減額較前更大矣。一八九〇年至一八九四年間，每年輸出額已僅有四五十餘萬擔，但較輸入其他國家之數猶多，故仍居首位。一八九五年以後更降至，二三十餘萬擔與輸俄之數相比反居於次位。紅茶輸入俄國之數量在一八八五年以前僅有十餘萬擔，約佔紅茶輸出總量百分之十左右，自一八八六年起增至二十萬擔以上，一八九一年起又增至三十萬擔以上，所佔紅茶輸出總額之百分數亦由百分之十六七增至百分之二十四五。至一八九五年續增至四十萬擔以上，超過輸入英國之數，而代英爲輸入中國紅茶最多之國家。是年以後，至一九一七年止，輸俄之數與輸英之數雖有時在伯仲間，但銷俄之數常較銷英之數爲多，卽前者常較後者多數萬擔或十餘萬擔，前者佔紅茶輸出總額約百分之三十八九或百分之四十餘，後者則佔百分之三十左右。

在其他輸入中國紅茶之國家中以美國較爲重要。其輸入數量在一八九六年以前約爲十餘萬擔或二十餘萬擔，在紅茶輸出總額中所占百分數約在百分之十左右至百分之二十間。一八九七年至一九一七年間，除有數年輸出數在十萬擔以上外，餘年多爲七八萬擔或五六萬擔，言其趨勢，則略見下降。

於此可見我國紅茶之輸出在此五十二年間減少幾至三分之二的原因，完全係由我失去最大之英國市場。在一八八〇年英國輸入紅茶共一、二一三、〇〇一擔，而二十年後則僅輸入二二三、九八四擔，二十年間幾減少一百萬擔，雖美俄之輸入略有增加，然終不足以抵償之，故英國市場不復，紅茶終無復興之機會。至於華茶出口總量未隨紅茶之驟減而銳降的原因，則因俄國對磚茶需要之增加較對紅茶尤大，因得勉強抵償所失而免慘跌。此可於下文見之。

興盛期中磚茶之輸出情形恰與紅茶相反。在一八七二年以前，每年輸出不過十萬擔；一八七三年增至二十萬擔，翌年雖復下降但自一八七五年起復增，至一八七八年止每年輸出數皆在十五萬擔上下。至一八七九年則竟超過二十萬擔，以後五年（卽至一八八五年止）之輸出數皆在二十一萬擔至二十四五萬擔間。自一八八六年起又續增至三十萬擔以上，至一八九四年止，九年中各年輸出之數皆在三十萬擔至四十萬擔間。一八九五年以後仍續增，是年輸出數已將近五十萬擔，以後二年則更增至五十五六萬擔。雖自一八九八年起略見減少，但至一九〇二年又恢復五十餘萬擔之額，是年以後至一九一七年止，十五年間，除有二年輸出數未超過五十萬擔外，餘年皆在六十萬擔上下。以一九一〇年之輸出數六一五、二七五擔與一八八〇年之輸出數二三二、三三〇擔相比，則三十年間約增一倍餘。此處所述雖爲我國磚茶出口之增加情形，實則卽爲俄國需要磚茶之增加情形，蓋我國歷年輸出之磚茶幾全數銷於俄國，卽有一二年例外，運往他國之數較多，但亦必有一部分轉銷俄國，因除俄國外，並無其他需要大量磚茶以供消費之國家。

綠茶之出口貿易，在上述五十二年中甚爲平穩，除自一九〇八年起有略見增加之趨勢外，歷年之輸出皆二十萬擔上下，最低數未下於十七萬擔，最高數曾至三十萬擔，但僅有一年（一九〇三年）常見之輸出數在二十萬擔至二十三萬餘擔間。至一九〇八年輸出數量增高至二十八萬餘擔，是年以後至一九一六年止，每年之輸出數皆在三十萬擔左右，惟一九一七年則僅有十九萬餘擔。至於綠茶之市場則向以美國為主。在一九〇九年以前每年輸入美國之數量約在十萬擔至十五萬擔間，占綠茶輸出總額百分之五十餘或六十餘，惟自一九〇一年後，所占之成分較低，約在百分之四十至五十間。一九〇九年以後降至十萬擔以下，至一九一七年止，每年約為八九萬擔，僅占綠茶輸出總額百分之三十左右。減少之原因並非由於美國之需要減低，而乃因華茶之品質日見退化，銷路漸為製造較精之日本及爪哇茶所奪。次於美國之銷場為英國，在一八九六年以前每年約銷八九萬擔，占綠茶輸出總額百分之三十至四十間。一八九七年後，約減少三四萬擔，約占總額百分之十五上下。至一九〇七年起又復下降，至一九一七年止，每年輸出之額多在二萬餘擔至三萬餘擔間，僅占綠茶輸出總量百分之十左右。再次則為俄國，綠茶銷俄在一八九七年以前為數甚微，銷至數千擔之年份不過三年，至一八九七年始增至二萬餘擔，自翌年起又續增至三四萬擔或六七萬擔。但至一九〇七年復見減少，至一九一五年止，每年僅銷一萬餘擔，一九一六年雖又回復至五萬餘擔，但翌年又減至不及二萬擔。此外在歐洲諸國有一時期銷數亦較多，此時期即在一九〇八年至一九一五年間，每年約銷三四萬餘擔或六七萬餘擔。

其他茶之輸出額，歷年為數皆不甚大，最多不過一萬數千擔，少則僅有數千擔或數百擔。惟自一九一四年起略有增加，是年及一九一六年各為三萬餘擔，一九一五年為六萬餘擔，一九一七年則僅有一萬三千餘擔。在一八八八年以前幾全數銷英，至一八八九年約有半數銷於俄國，是年以後，俄銷增加至一九一七年止，除數年外，百分之八九十或六七十皆銷俄國。

衰落時期

華茶貿易之衰落自一九一八年始，直至現時爲止，皆在衰落境況中。至其在一九一八年突然由以前每年約輸出一百五十萬擔之盛況而降至該年僅輸出四十萬餘擔之原因，則由於驟然失去俄國市場。蓋我國茶葉輸出貿易在一八九五年以前向以紅茶爲主，自失去最大之英國市場後，卽一蹶不振。一八九五年以後華茶對外貿易之繁榮大半賴俄國增銷磚茶得以維持。當時俄銷華茶之數量約占華茶出口總量百分之六十左右（參閱上列第二表）實數約爲九十餘萬擔，其中磚茶約占三分之二。不幸一九一七年俄國發生十月革命後，隨卽發生內戰，翌年中俄貿易幾至斷絕，以致是年華茶輸入俄國之數僅有九萬五千七百零五擔（磚茶佔七四、六四一擔），因之是年華茶貿易遂一落千丈，全年僅輸出四十萬零四千二百一十七擔，與前數年之輸出數相較，僅得四分之一強。且此年不獨銷俄之磚茶大減，卽紅茶之輸出亦甚微，此則因英國在戰時限制華茶入口，上年已略受影響，而此年則更甚。雖翌年（一九一九年）卽將此項限制解除，但又增設差別稅率以排斥華茶。一九一九年因英銷及俄銷皆略有增加，貿易略見轉好，是年共輸出華茶六十九萬餘擔，但翌年（一九二〇年）又復轉壞，全年僅銷三十萬餘擔，俄銷僅占一萬一千餘擔。一九二一年及一九二二年俄銷仍僅有一二萬擔，惟英美兩方面之銷路較好，故兩年中前一年共輸出華茶四十三萬餘擔，後一年共銷五十七萬餘擔。一九二三年起華茶出口漸有起色，惟俄銷仍未恢復，是年共輸出八十萬餘擔，翌年輸出七十六萬餘擔，此係因紅茶及綠茶銷路較好之故。兩年所銷紅茶各在四十萬擔以上，綠茶各為二十八萬餘擔。紅茶以銷英較多，兩年皆銷二十萬餘擔，即約占半數，為一九一九年後英銷紅茶最旺之兩年，過此則尚未復見有此盛況。綠茶以土波埃及北非等國所銷較多，約在九萬擔以上，英美次之，各為五六萬餘擔。北非洲各口岸，如阿爾及耳，摩洛哥，及的黎波里，皆為歐戰後綠茶之新市場。在一九二〇年綠茶銷於此等市場之數尚僅有萬餘擔，一九二一年即加一倍，一九二二年又較上年加一倍，共銷六萬餘擔，至一九二四年則銷至九萬八千餘擔矣。

一九二五年中俄兩國恢復貿易，是年華茶出口總額共八十三萬三千零三擔，俄銷約占三分之一。俄銷恢復後華茶貿易本可漸有復興之機會，無如俄銷磚茶之數已大不如前，而英美方面紅綠茶之運銷更日趨衰落。故自一九二五年後平均每年華茶輸出數量終不過七八十餘萬擔，其最高記錄僅為一九二九年之九十四萬八千餘擔。銷路以蘇俄，北非及英國為主，後二處之銷路常在伯仲間，惟英銷若不將印度之銷數計入，則較北非為低，而應居於第三位。茲將一九一八年至一九三三年間各種華茶輸出數量列於下表。至於最近數年之貿易情形，將於下文略加分析（關於各種華茶在一九一八年至一九二八年輸入各國之情形可參閱劉廷冕所編近五十年華茶貿易指數一文中所列第三至第六四表。）

一九一八年至一九三三年各種華茶輸出數量表（單位擔）

年份	紅茶	綠茶	磚茶	其他茶	總計
一九一八年	一七四、九六二	一五〇、七一〇	七五、一六〇	三、三八五	四〇四、二一七
一九一九年	二八八、七九八	二四九、七一一	一四三、三九四	八、二五二	六九〇、一五五
一九二〇年	一二七、八三二	一六三、九八四	一一、六九五	二、三九五	三〇五、九〇六
一九二一年	一三六、五七八	二六七、六一六	二三、五四六	二、五八八	四三〇、三二八
一九二二年	二六七、〇三九	二八二、九八八	二二、六一六	三、四三〇	五七六、〇七三
一九二三年	四五〇、六八六	二八四、六三〇	八、六一三	五七、四八八	八〇一、四一七
一九二四年	四〇二、七七六	二八二、三一四	一九、三八二	六一、四六三	七六五、九三五
一九二五年	三三五、五八三	三二四、五六四	一四一、九一七	三〇、九四四	八三三、〇〇八
一九二六年	二九二、五二七	三二九、一九七	一四一、八七二	七五、七二一	八三九、三一七
一九二七年	二四八、八五八	三三三、二一六	一七三、一四八	一一六、九五四	八七二、一七六
一九二八年	二六九、六一五	三〇六、七六五	二五六、七一二	九二、九三〇	九二六、〇二二

一九二九年	二九四、五六三	三五〇、〇五五	二四二、六七七	六〇、四三五	九四七、七三〇
一九三〇年	二一五、〇七九	二四九、七七九	一八二、三八六	四六、八〇四	六九四、〇四八
一九三一年	一七一、四六六	二九三、五二六	一六六、六四三	七一、五七一	七〇三、二〇六
一九三二年	一四七、〇六七	二七四、七〇七	二一一、六七六	二〇、一〇六	六五三、五五六
一九三三年	一六二、三四六	二八八、四九六	一八五、一四一	五七、七七四	六九三、七五七

註：根據關冊

四　最近六年之貿易狀況

歐戰以前中國輸出茶葉向以紅茶及磚茶爲多，綠茶輸出始終居於第三位。但自一九一八年後則綠茶輸出有時已超過前二種，自一九二六年起且年年皆居首位，此爲戰後華茶貿易之最大變遷。紅茶輸出雖仍常居第二位，但近二年復見下落，且有代磚茶而退居第三位之趨勢。磚茶輸出以一九二八及一九二九兩年爲最多，約爲二十四五萬擔，最近四年亦僅稱平穩。至於各茶之市場，則紅茶與磚茶仍各以英俄爲主，而綠茶則以北非爲主。茲根據關册將最近五年各主要國輸入紅茶、綠茶及磚茶之數量列如以下三表。

最近五年紅茶輸入主要各國數量表（單位擔）

國別	一九二九年	一九三〇年	一九三一年	一九三二年	一九三三年
英國	五五、六六六	五三、二三〇	四八、三四五	三二、九八六	四五、四八三
香港	五二、五三〇	四四、一三六	三六、五九一	四五、四七三	二二、三四三
蘇俄	七〇、八七〇	一七、一八七	二九、六四九	一、九九〇	二三、五五五
★北非洲各口岸	★二六、二一〇	★一八、五三五	★二、三一一	一三、五〇五	三、三〇四

美國	一九、八三二	二一、一九四	一七、二七九	一九、五八七	二七、二七五
德國	一八、四六六	一〇、五九六	五、六八二	八、四一八	一〇、五五七
荷蘭	一〇、八四七	一〇、六八八	七、六三九	五、一二三	六、〇五一
法國	七、六一三	五、四五五	六、七四九	七、二〇〇	六、六四六
新嘉坡等處	一〇、〇一一	七、五七四	四、一四五	二、三八二	一、一六二
印度	六、五三六	六、七九〇	六八五	三、八八五	一六五

★此處所列北非洲各口岸包括 Algeria, Morocco, Tripoli 三處。

★內有小部分為土波埃等處之銷數，因海關統計未分開，故未提出。

最近五年綠茶輸入主要各國數量表（單位擔）

國別	一九二九年	一九三〇年	一九三一年	一九三二年	一九三三年
★北非洲各口岸	★一四六、五一六	★一〇九、八五六	★一四三、三六九	一四九、七一七	一五五、六〇二
美國	三七、八〇〇	三六、六四四	四五、九八四	三一、〇〇五	三五、九八六
香港	四七、五一五	三五、六二五	三二、三〇四	二七、一八一	一八、四〇二
蘇俄	六〇、二六六	二三、〇三九	二九、五一九	一六、八三七	一六、八二二
印度	九、七五四	一四、四七七	一九、三〇二	一五、二〇二	二一、九二六

法國	二五、五四八	一三、二四四	八、一一四	一四、四六〇	一一、四五二
英國	一、九八八	三、六九四	二、四五一	一、四〇二	一、八八二
新嘉坡等處	二、〇六五	七九六	二、九〇二	四、一七九	四、六三〇

★★同上表註

最近五年磚茶輸入主要各國數量表（單位擔）

國別	一九二九年	一九三〇年	一九三一年	一九三二年	一九三三年
蘇俄	二四二、五七八	一八[illegible]、〇[illegible]三	一六五、一四一	二一一、四三五	一七八、七九八
香港	—	五三	一、四九八	四二	—
美國	九五	一、二一七	—	—	
英國	—	—	—	一二二	一七

以上三表皆依各國輸入各茶數量之多寡排列，至於按輸入華茶總量排列，則各國之次序應如下

最近五年各主要國家輸入華茶數量表（單位擔）

國別	一九二九年	一九三〇年	一九三一年	一九三二年	一九三三年

蘇俄	三七三、二八〇	二二二、一八一	二四〇、八二四	二三〇、二六二	二二八、四五一
★北非洲各口岸	★一八四、六二九	★一三八、七九一	★一六一、八六八	一六三、八二九	一六四、七八〇
英國	六二、八二六	六五、九二四	五六、四三七	四〇、七四七	五八、九四六
香港	一一四、三八九	九二、七三六	九〇、二七九	八一、二四六	五〇、二二九
印度	三五、五二一	二五、八三四	二六、二九二	二〇、九九六	三二、七二五
新嘉坡等處	一二、三九七	八、四七二	七、一六八	六、三九五	五、九三三
美國	五七、八八八	六三、〇八五	六五、九五七	五一、四五九	六四、三九三
法國	三六、二五五	二〇、三六二	一五、八二八	二一、九五一	三一、〇三九
德國	一八、八五八	一〇、八二四	八、一三二	八、五六三	一〇、九五一
荷蘭	一一、〇八九	一一、〇〇五	七、七〇七	五、一九四	六、三一二

★此處所列北非洲各口岸包括 Algeria, Morocco, Tripoli 三處。

★內有小部分爲土波埃等國之銷數，因海關冊未分計，故無從提出。

就以上各表觀察，可見到近年紅茶之運銷在主要之英國市場上有減無增；在他國市場上雖時有增減，但並無一處有增加之趨勢。磚茶在俄之銷路，最近五年中以一九二九年之銷數爲最高，此後四年時增時減，亦並無增加之趨勢。惟綠茶在北非之銷路逐有進展，然在英美及其他各國市場上則毫無進展，故近年綠茶輸出總量亦並無顯著之增加。至於將來綠茶輸出能否增加，則須視北非市場是否有擴大之可能。

至於一九三四年之貿易情形，則以此時尚無全年之統計，不能窺全豹，僅可就一月至十月間之統計略言之。

一九三四年一月至十月共輸出華茶四二八、三六七公擔（此係出口淨數）較上年同期間輸出之數多六五、九四六公擔。計輸出紅茶一三八、八〇〇公擔，較上年同期間多輸出五六、三二三公擔；輸出綠茶一二三、六五六公擔較上年同期間減少二二、九二八公擔；輸出磚茶一二八、九八八公擔，較上年同期間多輸出一七、八六五公擔；輸出其他茶三六、九二三公擔，較上年同期間多輸出一四、六八六公擔。就上項情形看，一九三四年之輸出可較上年略有增加，因上一年全年輸出總量共六九三、七五七擔，折合公擔僅有四一九、七二二公擔，較一九三四年一月至十月十個月間之輸出猶少八千六百四十五公擔。（註一）

去年紅茶輸出較前年增加之原因，係因英國及歐洲方面之銷路較好。計十個月中輸入英國本國紅茶共六〇、三七七公擔，而上年同期間則僅輸出二三、三七四公擔，即較上年增加一倍半。在荷蘭及法國之銷數合計亦較上年同期增多一萬餘公擔，蘇俄方面亦約增四千餘公擔。綠茶減少原因係因美俄法及印度方面之銷路不如上年，與上年同期間相比，美國及印度約各減少九千餘公擔，蘇俄約減少五千餘

公擔，

公擔法國減少二千二百餘公擔。至於在北非方面之銷路，則大致與上年無差異。至磚茶之增加，則完全係

應蘇俄市場之需要。

五　近年華茶在國際市場中之地位

十九世紀以前之世界茶葉市場，向由中國獨霸。卽在十九世紀初年，亦尙無一國可與中國競爭。直至十九世紀中葉，印度茶業起始能作大量生產後，華茶在世界市場上所據之獨占地位始漸感搖動。在一八六〇年印度茶輸入英國已有一百萬磅，至一八八三年後起之錫蘭茶亦開始出現於世界市場。嗣後印錫茶之產銷逐有增加，華茶之市場遂逐漸爲其侵奪。至一八九六年印錫茶之輸出已超過華茶，是年世界共消費茶葉五四一、九〇六、七三二磅，華茶占二六、三二一、七〇五磅，卽占總額百分之四二・一，印錫茶占二六〇、五一六、四三九磅，卽占總額百分之四八・七二者相較後者較前者超出百分之六・六。此後世界之茶葉消費量續有逐加，而華茶在世界市場上之地位則並未隨之增進，且因印錫茶產銷之增加而反見落後。例如一九一六年世界銷茶已增至八八二、九四九、六二五磅，而是年華茶輸出仍僅有二〇五、五二〇、五三三磅，僅錫蘭茶之輸出已超過華茶三百五十餘萬磅，至印度之輸出則已超過八千七百餘萬磅。然此年華茶之輸出數尙爲興盛期中之正常輸出數（卽一百五十萬擔左右，是年爲一、五四二、六三三擔），至入衰落時期後，則華茶在世界市場上所占之地位，更見式微矣。在一九二三年僅占到世界銷茶總量百分之一三・五，一九二四年僅占到百分之一二・四。至於近年世界銷茶數量已增至九萬萬磅以上，而華茶之輸出仍無增加，致使其在世界市場上之地位更見下落。如一九二九年世界銷茶總數共四、四一九、〇〇〇公擔（合九九四、〇二一、五七八磅）其中華茶占五七二、九三一公擔，即僅占前者百分之一一・七；一九三〇年世界銷茶總數爲四、〇九六、〇〇〇公擔（合九〇一、〇一二、三五二磅，）其中華茶占四一九、五七四公擔，即僅占前者百分之九・二；一九三一年世界銷茶總數爲四、一三〇、〇〇〇公擔，合九一〇、五〇八、〇六〇磅，）其中華茶僅占百分之一〇・二，即占四二五、一〇九公擔一九三二年世界銷茶總數共四、二五〇、〇〇〇公擔（合九三六、九六三、五〇〇磅）其中華茶僅占百分之八・五，即占三九五、〇九三公擔。地位之低，一至於此。

以華茶之輸出地位與其他主要輸出茶葉之國家比較，則中國近年已降居第四位，首爲印度，次爲錫蘭，荷屬東印度居第三。在一九〇〇年間爪哇輸出茶葉僅有一千六七百萬磅，不過占華茶輸出總額十分之一，不圖二十餘年後竟凌駕中國而上之。

中國以一主要之產茶國家，在世界茶葉消費逐漸增高之時，其輸出非獨未隨之而增加，反因市場之被侵奪而降低，則可見華茶貿易之失敗，必有其內在原因，而非盡由於他國之侵奪市場。茲於未論華茶貿易之前途以先，先一述華茶貿易失敗之原因。

六 華茶貿易失敗之原因

華茶貿易失敗之原因甚多，非本文所能詳述，玆擇其主要原因略述之。主要原因有二：第一中國本身不能控制華茶之海外市場，輸出貿易純操於外人之手，遇有市場發生變化，不能自謀補救之道。第二生產方法落後，所製之茶品質既低而成本復高，不足與他國產品競爭。玆分述之。

我國自有茶葉輸出貿易以來，向卽由外商經手，從無直接輸出之組織或企圖。在過去數十年中首由英國壟斷，繼增俄國，惟俄以銷本國爲主，英則始終兼營國際銷售，故華茶貿易之興衰以受英國之影響最大。在十八世紀及十九世紀前半葉中，華茶輸出之最大部分皆賴英國購銷。此時中國爲世界唯一能以大量茶葉供給各國消費之國家，故國外市場雖完全由外人控制，尙不慮有何變化。迨英國並不以僅爲世界茶業之經紀人而自足，更進而兼謀分占茶之生產事業，於印度錫蘭努力培植茶業時，華茶貿易之危機已伏，蓋獨占世界市場之黃金時代已將告終也。當一八八〇年後印度產量之豐已使其能作大量之輸出時，英國卽起始減少華茶之輸入而以銷路讓之印茶，且不以其本國之銷路爲限，並爲其侵奪華茶在他國之市場，例如遠在一八六七年印度茶輸入美國之數卽已占美國輸入茶葉總額百分之三十五，而以前則固爲華茶之銷路。其後印錫茶之輸出愈增，華茶在英之銷數卽愈減，中以紅茶減少尤甚，迨至一八九三年英國卽不再作華茶之首席購銷人矣。在英之市場逐漸縮小後，華茶全部對外貿易雖因有俄國之增銷抵補而未見立卽大減，然而向來輸出最多之紅茶，自此以後卽一蹶不振。至所以不能復興之原因，言之亦甚簡單，蓋華茶之輸出貿易係由外人一手造成，我國商人向來守貨待沽，不作直接輸出，來購者多則多售，少則少售，貿易前途悉任之自然，非獨商人如此，卽當時政府所持之態度亦然，故紅茶銷數減少後，我國既無另闢銷路之計劃，亦不作競爭之企圖，如此逆來順受，尙焉有復興之可能。英銷紅茶既大減，於是華茶貿易遂轉而仰賴俄國增銷磚茶，藉以維持一時之繁榮，但不幸至一九一八年俄國市場又復發生變化，至今亦尙未恢復舊時盛況，於是華茶貿易遂全部陷入不易拯拔之衰落境況中矣。按一國之任何輸出貿易本難完全由本國商人自行經營，海外市場亦未必全能由本國控制，所貴於能自行主持輸出貿易者，卽我在平時能熟悉海外市場之情形，而設法維護銷路，在必要時並能在外自闢新銷路，不致使海外全部銷路悉聽外人支配，遇有變化，則束手無策，任命而已。

不能自行支配並維護海外銷場，固爲華茶貿易衰落之一重要原因，但其所給與華茶貿易之打擊，尙不致使其完全無復興之機會，其使華茶無復興機會之原因，厥爲生產方法落後，致華茶無與他國產品競銷之資格，蓋銷路之變遷原爲貿易中不能避免之事，中國既不能永遠獨占茶之生產事業，則自不能希望固有之銷場永不發生變遷。但當發現國際市場中已有他國產品與我競爭銷路時，如我能使我之產品俱有競銷之資格，則在舊有市場中既不致完全不能立足，且可與他國產品競爭新銷路。乃華茶之生產事業，數十年中始終墨守成法，毫無改進。在貿易初期因無他國產品可與比較，故外人無從評其優劣。迨自始即採用科學方法生產之印錫茶出，高下遂立見矣。雖華茶之天然品質較他國之茶爲優，但大部分之出品皆以製造不得法，茶之優點不獨不能保全，且往往遭受蹂躪，變優爲劣。我國綠茶在美之銷場大部分爲日本及爪哇茶所侵奪之原因即在此。不以近代方法作大規模之生產，其弊尚不僅使出品之品質不佳及不一律而已，且可使成本加增（如近來在日本香茶每箱成本僅需七十元至九十元，而在中國則需一百元至一百一十元，即其明例。(註二)）減少與他國產品競爭之機會。近四十年來世界各國銷茶總量已由三萬六千四百萬磅增至九萬萬磅以上，印錫及爪哇茶之產銷皆有增加，而華茶之生產既未減少（近年除外）乃外銷不獨未增，反見減縮。於此可見生產方法落後，實爲華茶貿易衰落及衰而不能復興之一重要原因。

七　貿易之前途

就最近二年之輸出情形觀之，華茶貿易似乎漸有興旺之趨勢。蓋自世界發生經濟恐慌以來，華茶貿易非獨未受打擊，而且有逐漸增進之勢，前途似可樂觀。然若環顧事實而加以考核，則知近二年之好況實係僥倖得之，不可久恃；反之華茶前途尚伏有隱憂，正難容人遽作樂觀。緣近二年華茶輸出貿易增進之原因，實由中國以外世界之主要產茶國家限制輸出所致，非華茶貿易本身自闢有新路也。蓋近年世界產茶已發生過剩現象，各主要產茶國爲提高市價計，乃不得不作輸出之限制。在一九二九年世界之茶葉產量已達前此未有之最高峰，供過於求，以致市價下落而存貨增多，主要產茶國家如印度、錫蘭及荷屬東印度等乃決議於一九三〇年中減低生產額，但翌年又復放棄限制生產之計劃，以致是年產量復增至一九三二年則更見增高。以此數年之生產指數而言，一九二九年爲一〇九（以一九二七年爲基年）一九三〇年爲一〇〇，一九三一年爲一〇二，一九三二年爲一〇七。至一九三三年初世界市場所積存之茶葉量已達最高峰（是年正月存貨共達一四二、七〇〇公噸）限制生產一時既不易收效，於是英荷二國殖民地之茶業產主乃不得不集議設法限制輸出。是年六月中由印度、錫蘭及荷屬東印度三方面成立一種協定，對於以後五年之輸出實行加以限制，藉以提高世界之茶價。其限制辦法係規定一九三三——一九三四年三國之輸出不得超過一九二九年至一九三一年中最高輸出數百分之八十五。是項限制實行後，一九三三年——一九三四年該三國之輸出約減少六萬公噸，而估計協定外之產茶各國將多輸出一千六百公噸。可知一九三三年及一九三四年華茶輸出略見增加之原因實受此項協定之惠。但簽訂該協定之三國鑒於一九三三——一九三四年之輸出限制實行後，世界茶價果見上漲（一九三三年倫敦市場上之各種茶價皆約增百分之二十五）乃將一九三四——一九三五年之輸出定額略爲提高，即增至百分之八七·五，其輸出數將較一九三三——一九三四年約增多一萬公噸。此三國之輸出既增多此數，則協定外各產茶國在前一年所得之銷路必將全部喪失或喪失一部分。設一九三五年世界之茶價仍能維持現狀，該三國仍將繼續提高輸出定額，則不獨中國不能再受此項協定之惠，即其他協定外之產茶國家亦不復再有受惠之機會。可知促進近二年華茶貿易之市場背景，殊不足久恃。惟中國能使茶價減低，則尙可刺激輸出，不難繼續維持現在之好況，此則尙待我國商人之努力。

然華茶前途可慮之事尙不在英荷二國將來是否繼續提高現有之輸出額，而在是否能繼續維持綠茶及磚茶現有之銷路。蓋受三國協定限制輸出之茶以紅茶占數最多（印錫二處產紅茶最多），其對於中國發生之好影響亦限於紅茶，此可於去年中國紅茶輸出大增而綠茶則未增加之情形中見之。近年華茶

七　貿易之前途

輸出以綠茶居首，紅茶次之磚茶居第三。紅茶銷路卽使以後數年不再增進，亦不致有何變化，因近年中國輸出紅茶之數量僅占印錫紅茶輸出額之百分之十左右，而且多爲各國所需之低等紅茶數量之少既不致引起印錫之嫉視，而各國對於我國紅茶之嗜好亦不致轉變，故其前途較爲穩定。至於綠茶及磚茶之前途則較爲可慮。綠茶銷路以北非爲主，去年一月至十月綠茶之輸出在北非方面雖無變化（去年一月至十月輸入阿爾及耳、摩洛哥、的黎波里及突尼斯四處之綠茶數共八一、一一九公擔，較上年同期間僅減少四四五公擔）但在美俄法及印度等國方面之輸入則降低，以致輸出總數大見減少，而退居第二位（紅茶第一）。美國及印度方面減少之數雖然較大但或爲一時之現象所可慮者乃俄法兩國之輸入有繼續下減之勢。俄銷減少之原因係因日本茶在俄競銷，及俄國現在能以本國所產之茶自製綠茶。近年日本綠茶銷俄頗見增加，在一九三三年五月至一九三四年四月之一年中，日本綠茶輸俄之數共達五、六九八、三八一磅，較上一年同期間增加百分之三十三。且照日俄預定之契約，日本輸俄綠茶應爲六、九八九、九八四磅，則此後日本綠茶輸俄當非增至預定之限度不已，加以俄國現能自製綠茶，故此後我國綠茶在俄國銷場將有續減之勢。至於法國方面減少之原因，則因法國去年實行增加茶葉入口稅所致。去年法國所定之新稅率較舊稅率增高百分之五十七，其施行區域限於法國本國及其殖民地如安南及非洲之阿爾及耳等處。中國綠茶輸入阿爾及耳之數每年約在二萬五千擔左右，去年一月至十月輸入阿爾及耳之綠茶尙未因受影響而下減，但輸入法國本國之數則減少甚多。且近據報載法國現又擬自本年起將茶葉入口稅加徵一倍，按去年之新稅率每一市斤茶約徵大洋八角，加一倍徵收則將爲每市斤徵洋一圓六角。（註三）近聞茶商已呈請政府向法國交涉，若無相當結果，則今年不獨對法國之輸入將續受影響，卽對阿爾及耳之輸入恐亦難免不受影響。所幸我國綠茶在法國殖民地之銷路以摩洛哥爲最大，該處不受上述新關稅之限制，尙可免使我國綠茶輸出遽爾慘跌。惟摩洛哥自一九三一年起每年輸入茶葉之數約爲七萬餘公擔，其中華茶已占百分之九十餘，是該處銷路在以後數年似少有擴充之可能。故就現勢觀察，卽使以後美國及印度方面已將去年之減額恢復，綠茶之總輸出仍不免有續見減少之勢，惟阿爾及耳以外之非洲市場如摩洛哥、突尼斯、的黎玻里等處不生變化，則亦不致大跌。

自中俄復交以後，俄國仍如戰前爲購銷華茶最多之國家，所購之茶仍以磚茶爲多。但俄國自施行五年計劃以來，對於茶之生產極爲努力，在一九二九年該國植茶地已達七、八〇〇公頃，產量達二四〇、〇〇〇公斤，占該國輸入總量百分之一，以後數年逐有進展，至去年產量已達六、七二三、二五一公斤，（註四）較計劃中預定產量（四、八五〇、〇〇〇公斤）約多百分之三十八，全數約占一九三三年輸入總額百分之六強。蘇俄產茶事業如此猛進，其前途實未可限量，雖近年對於輸入影響尙不甚大，但可預料第二五年計劃完成後，其輸入必將大減，彼時對俄有茶葉輸出之國家皆將受其影響，惟中國恐將首受打擊。蓋一則葉茶缺少競爭能力，一則中國對俄貿易向處於被動地位，俄不來購，我即無從輸出，故將來最易先受打擊。

總上所述觀之，華茶貿易在未來之二三年內雖可望維持現狀，不致發生大變化，但國外市場在稍遠之將來必生變化，則可以預見，苟此時不在生產及貿易方面建立競爭之基，一切仍任其自然演變，則將來一旦遭受打擊或將一敗塗地，至於不可收拾。尙望政府及商人懲前毖後，速作未雨綢繆之計。

（註一）據本年一月十一日中華日報載海關所發表去年一月至十一月各茶輸出數字如下：

紅茶	一四四、五六〇公擔	磚茶	一二九、四四八公擔
綠茶	一三八、五一二公擔	毛茶	三、七九一公擔
其他茶	三四、七二四公擔		

（註二）見一月三十日時事新報載國際貿易局局長何炳賢講演「中國對外貿易問題。」

（註三）見一月十九日大晚報。

（註四）見去年十二月二十四日梯弗里斯塔斯社電訊，載同月二十五日大晚報。

本文統計及主要參考資料：

Boris P. Torgasheff: China As A Tea Producer

C. F. Remer: The Foreign Trade of China

Decennial Reports 1922-33 (by the Maritime Castoms). vol. I.

International Yearbook of Agricultural Statistics 1932-33.
World Production and Prices 1933-34（國聯出版）
海關年報及一九三四年十月份月報。
楊端六等編六十五年來中國國際貿易統計。
劉廷冕編近五十年華茶貿易指數，載立法院統計月報二卷三期。
吳覺農華茶對外貿易之瞻望，國際貿易導報六卷六期。

中華民國二十四年十月初版

(34435)

中央銀行叢刊 華茶對外貿易之回顧與前瞻一册

每册定價大洋叁角
外埠酌加運費匯費

編纂者 中央銀行經濟研究處

發行人 王雲五
上海河南路

印刷所 商務印書館
上海河南路

發行所 商務印書館
上海及各埠

鐵

五三七九上

華茶的對外貿易

華茶的對外貿易

錢承緒 編著

民益書局排印本

華茶的對外貿易

目錄

錢承緒編著

華茶的對外貿易

第一編　世界的茶葉市場

一　一九四〇年世界茶葉的產銷

本文所謂的一九四〇年，係指從一九三九年四月一日起，至一九四〇年三月三十一日止的一整年，也就是世界茶葉出口調整協定第二期開始的第二年。

是年爲世界茶業最不幸的一年，歐戰爆發後，有許多國家。特別是英國的茶葉進出口，已無法獲得完全可靠的數字。這些不完全的數字，可參見後面的附表，其中還有些是上年臨時估計的數字，加以修正然後發表的。

現在可將一九四〇年中世界茶葉產銷情況逐項說明於下：

這年開始，參加茶葉出口調整協定諸國的栽培面積數字，可見下表：

國名	栽培面積(單位：英畝)
印度	八四〇・六一四
南印度	六二・七二〇
北印度	六七七・八九四
錫蘭	五五五・四五二
荷印	五一一・三八一
英領東非洲	三九・三四八

尼亞薩蘭★	一七・五一六
怯尼亞	一三・六八一
烏干達	二・八八六
坦干尼喀	五・二六五

附註★除荷印及尼亞薩蘭兩數字外，餘均為一九三九年三月三十一日調查

二

由上表可見這年印、錫、荷印三國現有栽培面積數字的變動。如果與上年對照起來，顯然比較可靠。

出口貿易概況　一九三九年至四〇年的全年中，全世界產茶國家的總輸出量為九萬三千二百一十萬磅。其中有七萬四千七百九十萬磅的數量為印、錫、荷印三國所輸出，約佔全體總量百分之八十；還有二千二百五十萬磅的數量為英領東非洲所輸出，約佔百分之二・五；其餘由未參加協定諸國輸出總量為一萬六千一百七十萬磅，佔百分之一七・五。但須注意印、錫、荷印等參加協定國家的出口數字，如與上年度比較，似與協定中規定的出口數字不相符合。我們可從下面的解釋來探討其原因。

與一九三八至三九年的全年比較，印、錫、荷印三國的茶葉出口顯然增加六百八十萬磅，其原因可以說是出口比額增加的結果，但這一年中，廳規定出口的數量還覺不夠，英領東非洲在本年也已增加三百五十萬磅，而未參加協定諸國則有減少，約減少四百七十萬磅左右，中國茶葉出口鉅量的減退，可以說明此種原因，相形之下，日本的輸出數量有相對的增加，最後若以全體生產國家的出口數量與上年比較，則略增加五百六十萬磅。但此數還是協定開始以來最高的記錄，下面再來分別說明這種情形：

(A)參加協定諸國

(一)印、錫、荷印三國

印度出口數字，(參看表一)包括有兩層意義：一、所有海上輸出數字，多不包括緬甸在內，因緬甸為印度帝國

的一部，由印度輸入的茶葉，當然不能算作出口，二、陸路輸出數字，包括伊闌在內，不過爲比較方便起見，仍將輸往緬甸的數量從中提出，作一參考，一九三八年四月一日開始，由印度輸往緬甸的茶葉，必需經過核發特許證，始能輸出，所以在本節中不得不另外提出說明，輸往緬甸的數量，可參見表一。

這年度開始，印、錫、荷印三國的出口數中，有二千五百五十萬磅的數量，爲上年規定出口比額中尚未用完的結存量（Carry over），但須注意，此數量中有十萬磅爲已撤銷及未核發的特許出口數量，因此在一九三九年四月一日，至五月三十一日這兩個月中的淨結存量，祇是說是二千五百四十磅。再者本年度的出口比額總量，依照標準出口數量（Standard export）的基準規定爲百分之九十五，即爲七萬六千八百萬磅，但全年中准許出口的數量，却有七萬九千三百四十萬磅，仔細分析，實際出口數量僅有七萬五千〇七十萬磅，其中有二百七十萬磅的數量，爲可以延轉到下年度（一九四〇年至四一年）的特許權，下表爲各國輸出的詳細數字：

項目	印度	錫蘭	荷印	共計
	百萬磅	百萬磅	百萬磅	百萬磅
一九三九年三月三十一日止的下期結存量（a）	一〇・〇	四・三	一一・一	二五・四
出口比額量	三六四・一	二三九・〇	一六四・九	七六八・〇
總輸出量	三七四・一	二四三・三	一七六・〇	七九三・四
實際輸出量	三六三・二	二二七・三	一六〇・二	七五〇・七
一九四〇年三月三十一日止的下期結存量（b）	一〇・九	一六・〇	一五・八	四二・七

單位：百萬磅附註：（a）減去已撤銷及未核發的特許出口數量
（b）未減去已撤銷及未核發的特許出口數量

觀察上表，無論出口比額數量和實際出口數量，都是自從協定實施以來最高的記錄，同時本年度終的下期結存量，除開一九三五年的以外，也爲各年中比較高的記錄。

(二)英領東非洲

從上年度起，英領東非洲管轄下的四屬——尼亞薩蘭，怯尼亞，烏干達，坦干尼喀——的茶葉，與印、錫、荷印三國情形相同，都必須按照調整比額（Regulation Quota）的規定才能出口，其標準出口數量，是根據每年估計的可能生產量，再加一定比例的內銷數量而訂定的，用此種數字才能規定其出口比額百分比，下面的數字即爲協定期內（一九三八至四〇年）英領東非洲的出口比額數量：

國名	一九三八—三九年比額量	一九三九—四〇年比額量
尼亞薩蘭	一三·〇六二·五〇〇磅	一四·二五〇·〇〇〇磅
怯尼亞	一一·五〇一·〇六九磅	一二·一二八·一八七磅
烏干達	五八一·九四四磅	七〇六·六一七磅
坦干尼喀	六六九·六五五磅	八三六·二三八磅
總計	二五·八一五·一六八磅	二七·九二一·〇四二磅

由尼亞薩蘭輸往羅德西亞，以及輸往怯尼亞，烏干達和坦干尼喀三國關稅同盟境內的茶葉，普通都不需經過核發特許證，所以此種比額數量就無須乎規定，但這類出口數字中，除怯尼亞和烏干達兩國間的貿易外，都已包括於表二的記載內。

這年度四國的茶葉輸出數量可見下表：

項目	尼亞薩蘭	怯尼亞	烏干達	坦干尼喀	共計
	百萬磅	百萬磅	百萬磅	百萬磅	百萬磅
出口比額量	一三·五四	一一·五二	〇·六七	〇·七九	二六·五二

特許出口量	一二・二三	九・一二	○・二九	○・三九	二二・○三
一九四○年三月三十一日的下期結存量	一・三一	二・四○	○・三八	○・四○	四・四九
未經特許出口量(a)	○・○六	○・三三	○・○二	○・○三	○・四四

單位：百萬磅　附註(a)包括由尼亞薩蘭輸往南北兩羅德西亞，及由怯尼亞和烏干達兩國輸往坦干尼喀的數字，再由坦干尼喀輸往怯尼亞及烏干達兩國的數字也包括在內。

從上表可看出特許出口數量，如與出口比額數量比較，四國中，每個國家都有短少，本年度總短少量爲四百四十九萬磅，約爲出口比額總量的百分之十七，再參考上年度的數字，其短少量爲五百二十七萬磅，約爲出口比額總量百分之三十二，還覺稍勝一籌，每年此種短少量都是以烏干達的爲最大，而以尼亞薩蘭的爲最小，此外，本年度終的下期結存量均不十分大，此爲與印、錫、荷印三國的區別所在。

(三)馬來亞

馬來亞雖也產茶，但其出口數量並不見若何重要，甚至後面的輸出量統計表反沒有它的地位，探討這種原因，就是馬來亞海關根本將其本國生茶葉出口的數字，與進口後，再復出口的數字混淆不分，自然官方發表的數字不能供作參考。茶葉輸入馬來亞的數量，有時與其本國生產的數量相等，後面茶葉消受量（Absorption）統計表中，關於馬來亞的數字，爲全體出口量減去進口量以後的淨量。

馬來亞在一九三九年全年(非會計年度)的茶葉生產量，據茶園(Estate)報告的總數爲六四八・八七一磅：一九三八年爲七四七・三○三磅。再出口數量，據海關貿易冊報告，茶葉出口及復出口兩者合的總數量，在一九三九年爲一百四十八萬七千磅；而在一九三八年則爲一百三十七萬磅。

(B)未參加協定諸國

(一)中國

一九三九至四〇年的全年內，中國輸出茶葉的數量爲七千二百六十萬鎊，與上年度比較，已短少一千九百五十萬鎊。但比一九三七至三八年年度增加二百一十萬鎊，這年度前八個月的輸出量，平均每月只有三百萬鎊，以後四個月的平均輸出量，則稍有增加，約爲每月一千二百萬鎊，比最初的三月份出口量超出一千六百萬鎊，前一年的情形剛與此相反。

中國三年來的茶葉輸出分類統計表如下：

種類	一九三七—三八年	一九三八—三九年	一九三九—四〇年
	百萬鎊	百萬鎊	百萬鎊
紅茶	二一·九	二三·〇	一七·四
綠茶	三五·二	五一·五	四八·五
磚茶	三·四	四·二	一·二
毛茶	二·三	三·八	〇·七
其他各茶	七·七	九·六	四·八
總計	七〇·五	九二·一	七二·六

由上表可見磚茶和其他各茶數量上的減退，格外來得顯著。

一九三八年開始，中國茶市已轉移到香港，幾乎有三分之二的貿易額都移到那裏，這年度和上年度的情形，可以說完全如此，實際數量在上年度爲五千九百三十萬鎊，這年度爲四千八百一十萬鎊，這種情形可作爲中國茶葉在香港寄售的性質看待，再由香港轉輸各消費國家的數量上看來，上年度爲三千二百八十萬鎊；這年度爲二千四百五十萬鎊，兩相比較，這年度已減少八百三十萬鎊，這類茶葉出口數量的中間，每年幾乎有過半數是輸往摩洛哥，阿爾及耳和突尼斯三國的。

根據香港貿易報告，這年度內，各國輸入茶葉的總量是三千八百九十萬鎊，其中有三千五百萬鎊，是從中國輸入，和二百萬鎊，是從澳門輸入，至於上年度的數字，完全依據官方貿易冊的報告，似乎不盡可靠，必須根據各方面有關的貿易刊物綜合參照，其輸入量約是五千七百九十萬鎊，其中有五千六百萬鎊係由中國輸入，和一百一十萬鎊係由澳門輸入，此種每年由中國輸入香港的數量，(貿易報告)若與由中國報關出口運往香港的數量對照，顯然不相符合，即前者比後者實際上要少，此種差別至少可以說，一部份是由於每年年度終了時的通過數量 (Quantitie in transit) 未計入的緣故。

這年度由香港復出口的數量有三千六百萬鎊，和上年度的四千七百五十萬鎊比較，減少很多，這年度數字內，有一千三百八十萬鎊輸往蘇聯；另有八百五十萬鎊未說明輸往何國，依情理推想，恐係大部份輸往北非諸國；再有四百七十萬鎊是輸往中國和澳門的；九百萬鎊是輸往其他各國的。這年從中國直接輸往蘇聯的數量，根本缺乏記錄，上年也僅有五十萬鎊，可見由中國輸往蘇聯的總量逐年減少，是毫無可疑的事實，(按對蘇易貨數字未計算在內同樣的情形，將由中國輸出的數量，加上由香港復出口的數量，則中國輸往英國的總量，也在逐年的低落，上年度還有四百一十萬鎊，這年僅剩一百七十萬鎊，但輸往美國的數量並未見削減，由四百七十萬鎊減至四百五十萬鎊，其間的差數僅爲二十萬鎊，實在不算什麼。

這年度香港的進口數量，比同年的復出口數量，超出有二百九十萬磅之多，此數卽爲香港本身一年內的總消費量，不過其中須減去本年度內的存茶量，此種存茶量，今年很少變動，所以我們也不必十分注意。

(二)日本

年來，日本茶葉輸出約有五千五百六十萬磅，比一九三九年增加一千四百二十萬磅，此數量還是一九一七年以來的最高記錄，現將近三年來日本茶葉輸出量統計表列載於下：

七

八

種類	一九三七～三八年	一九三八～三九年	一九三九～四〇年
	百萬磅	百萬磅	百萬磅
綠茶	三七・七	二九・一	三八・〇
紅茶	一二・五	八・五	六・九
其他各茶	一・七	三・八	一〇・七
總計	五一・九	四一・四	五五・六

日本的官方貿易報告數字，對於國別統計記載，向來就不完全，但比較完全的記載，却須參考靜岡縣製茶商會出版的刊物。雖然此類記載，對於紅綠茶以外各茶，如磚茶及其他各茶等，還不十分完全，而可參考的程度是較上述爲强，從中，我們可以見到本年度內日本出口之所以增加的原因，是由於對中國滿洲和關東州等國輸出大量增加所致，其中僅紅綠茶兩種，就由上年度的一千四百二十萬磅增加到這年度的一千七百萬磅，磚茶也由一百六十萬磅增加到二百二十萬磅，（除上述各國外，磚茶對其他根本無輸出），至於對其他各國的茶葉輸出，不但沒有增加，而且反從三千三百萬磅減少到二千七百二十萬磅，其中對美國輸出略有增漲，（由一千二百三十萬磅增至一千四百三十萬磅），對加拿大的輸出，情形也相同，（由一百七十萬磅增至二百一十萬磅），但輸往歐洲各國（包括英國在內）的數量已由七百三十萬磅低減至四百四十萬磅，同時對蘇聯輸出的茶葉，在一九四〇年可說等於零（上年爲三百八十萬磅），最後輸往非洲的變化很小，這年的數量是五百一十萬磅，去年也祇多到十萬磅左右。

（三）台灣

這年台灣輸往各國的數量，（日本和朝鮮除外），共有二千五百三十萬磅，比去年的二千五百二十萬磅稍有微量的增加，將此種數字加以分析，即可看出其中有當年度的一百萬磅和上年度的一百五十萬磅，是一種臨時估計的數量。此種數量，就表面上看來，像是輸往日本的，而實際上是經過日本再轉口輸往滿洲和關東州的，將此種數字撇開，其餘輸往其他各國的茶葉增加很微，僅由二千三百七十萬磅增至二千四百三十萬磅，此外輸往日本及朝鮮的數量每年都有增加，今年爲三百四十萬磅，比上年增加三十萬磅，此種數字自然包括上述的轉口數量在內，但爲國際貿易平衡起見，普通都從台灣輸出總數量中提出，僅將其併入國內貿易計算。台灣輸出茶葉種類可見下表，今年各種茶類的詳細數字還未獲得，僅有一種總括數量：

種類	一九三七—三八年	一九三八—三九年	一九三九—四〇年
	百萬磅	百萬磅	
紅茶	一一•二	九•五	
烏龍茶	四•〇	五•九	
包種茶	四•六	六•七	二四•三百萬磅
茶末及其他	一•三	一•六	
經由日本的轉口量	〇•七	一•五	一•〇
總計	二一•八	二五•二	二五•三

另外從僅有的資料參考，這年紅茶出口的數量和上年的幾乎完全相等，但其中的包種茶似有相當增加，烏龍茶和茶末則有減退，除開臨時估計的轉口數量，台灣輸往中國滿洲和關東州的數量，仍維持一九三九年度的高超水準。紅茶輸往美國的數量較上年稍有增加，但與前年的數量四百五十萬磅比較，似無增減，而輸往英國紅茶的數量則相差懸殊，降落到幾乎要等於零，回觀前數年的平均數量，還有一百萬磅，眞是不堪回首。

(四)法領印度支那

這年度越南的出口數字中，包括有一九四〇年二月和三月的估計數字，合計約有六百五十萬磅，比上年度超出一百八十萬磅，越南大部份的茶葉是輸往法國及其北非屬地的。一九三九年的數字最爲可靠，其中輸出茶葉有三百七十萬磅是紅茶和六十萬磅是綠茶。

（五）其他菲洲諸國

菲洲產茶國家，未參加協定的有莫三鼻給，英領南菲聯邦和南羅德西亞，這三位產茶國家，這年的出口數字，未獲到正確的報告，僅莫三鼻給和南菲聯邦有少許消息。前者這年約輸出一百一十萬磅，較去年略減；後者的茶葉輸出，兩年的數量都不相上下，約爲四十萬磅。南羅德西亞近來茶葉輸出很少，一九三八年僅有三萬九千磅的微量。

表一　產茶國家輸出茶葉數量統計表（單位：百萬磅）（會計年度終爲三月三十一日）

國名	一九三六—三七年	一九三七—三八年	一九三八—三九年	一九三九—四〇年
參加協定諸國	六六一・六	七〇四・二	七四一・一	七四七・九
印度	三〇七・二	三三〇・三	三四六・九	三六〇・四
錫蘭	二〇六・三	二二二・〇	二三四・八	二二七・三
荷領東印度	一四八・一	一五一・九	一五九・四	一六〇・二
英領東菲洲	一六・八	二〇・三	一九・〇	二二・五
尼亞薩蘭	八・六	九・九	九・七	一二・三
怯尼亞	八・〇	九・八	八・八	九・五
烏干達	〇・一	〇・二	〇・一	〇・三
坦干尼喀	〇・一	〇・三	〇・四	〇・四
未參加協定諸國	一五五・一	一四九・七	一六六・四	一六一・七
緬甸	—	〇・〇	一・五	〇・三

中國	九〇・三	七〇・五	九二・一	七二・六
日本	三八・九	五一・九	四一・四	五五・六
台灣	二一・六	二一・八	二五・二	二五・三
法領印度支那	三・〇	四・三	四・七	六・五
莫三鼻給	〇・八	〇・九	一・一	一・〇
英領南非聯邦	〇・五	〇・三	〇・四	〇・四
總計	八三三・五	八七四・二	九二六・五	九三二・一

消受概況　所謂消受量（Absorption），照字面上解釋，就是各產茶國家（表二）輸出茶葉的數量，由純消費國家加以消受的意義，凡茶葉輸入某國，經過關稅，然後再消售給消費者的淨量，都叫做消受量，還有許多國家，凡茶葉到達那裏的淨數量，也都如此稱呼，但在生產國家，此語面的意義，就稍有不同，他們所謂的消受量，僅指進口茶葉的數量，本身生產茶葉的消費，是不在此限的。總之，消受量的涵義，是專以純消費而絕不生產的國家，作對象而言的。所以與消費量（Consumption）的意義有區別。

根據最前一節所述，是年就根本缺乏正確的消受量數字，尤其是歐戰爆發後，許多大的茶葉消費國家，如英國，愛爾蘭與北非諸國，與貿易有關的刊物多半停刊，縱有也都遲遲其發行，而且所載的數字都不十分完全，要像過去那樣記載詳盡的報告，真是鳳毛麟角，絕無僅有，不過還可就儘有的材料，將各消費國家的情形簡述如下：

（一）英國

最近發表的數字，還是早在一九三八年八月的，這年最初的五個月，從四月到八月的總消受量，約有一萬七千六百二十萬磅，與上年同期比較，仍超出九百一十萬磅，如以此片斷的數字來推斷全年，自然不會十分正確，同時也是不可能的事實。

（二）蘇聯

一九三八年十二月以後，蘇聯的進口貿易報告，終未見發表過，這以前的九個月，從四月到十二月止，根據官方發表的茶葉進口總數量是三千一百四十萬磅，但如果拿此期以前的數字參照，更加不會準確，所以上年和這年度兩年的蘇聯茶葉進口數量，還是以其他的產茶國家，報關出口運往該國的數量，七湊八拼地計算的。根據此種數字，從一九三九年一月份到一九四〇年二月份的一年中，輸入蘇聯的茶葉總量有二千七百萬磅，而在前一年却有三千八百萬磅。主要輸入國家爲香港和中國，這年總共輸入二千三百七十萬磅，上年比此數量少七十萬磅。日本這年對蘇聯根本無輸出，去年也不過四百三十萬磅而已。至於參加協定諸國，連英國和荷蘭在內，輸往蘇聯的茶葉，上年還有一千〇九十萬磅，這年一落千丈，祇剩三百五十萬磅了。

（三）茶葉出口國家

茶葉出口國家，也有從外國輸入茶葉供自己消費的，年來輸入的總數量倒不算少，約有一千八百萬磅，比上年的八百六十萬磅超出九百四十萬磅。這種鉅額的增量發生總不爲無因的。細細分析，即爲日本和台灣兩國拚命向中國淪陷區推銷的原因。上年僅有三百六十萬磅，這年突增至一千五百一十萬磅，前年不過僅有二十萬磅左右。

（四）其他各國

除開上述各國外，這年度內，其他各國倒還有很完全的消受量數字可供參考。這些重要消費國家的總消受量，如與去年比較，則增漲很爲顯著如荷蘭，加拿大，美國，南非聯邦，英埃蘇丹以及滿洲等國的增量，在最初七個月爲百分之五十至二十之間，澳大利亞增百分之十，新西蘭增百分之七，伊蘭直到一九四〇年一月份增加約百分之四。此外埃及常年消費茶葉數量常超出不下五百萬磅，這年似稍有減退。上述各國今年消費茶葉很多，其原因究係由於進口商人或最後的消費量，爲防備戰時供給來源斷絕起見，大量存儲呢，還是別有其他原因在，那就不能不有點疑惑了。

表二 茶葉消受量（Absorption）統計表（單位：百萬磅：會計年度終爲三月三十一日）

國名	一九三六—三七年	一九三七—三八年	一九三八—三九年	一九三九—四〇年
歐洲	五六八·七	五二七·六	五六二·五	
英國	四五七·二	四二二·七	四三八·一	
荷蘭	二三·一	二二·一	二四·七	二九·三
蘇聯	三三·六	二五·〇	三八·〇	二七·〇
愛爾蘭	二二·〇	二四·五	二三·九	
德國	一〇·七	一一·八	一四·三	
法國	三·一	三·〇	二·九	
其他合計	一九·〇	一八·五	二〇·六	
美洲	一四二·三	一四〇·一	一三八·〇	一五九·八
美國	八七·八	八七·七	八三·九	一〇〇·五
加拿大	四〇·一	三七·五	三八·六	四四·六
其他合計	一四·四	一四·九	一五·五	一四·七
亞洲	四二·六	五〇·八	五二·九	
伊蘭	一五·八	一九·八	一六·三	一七·五
馬來亞	三·九	四·四	三·八	三·五
滿州	一〇·九	一二·八	一六·三	
香港	二·〇	二·〇	二·〇	二·〇

一三

其他合計	一〇・〇	一一・八	一四・五	
非洲	七二・九	七六・一	七四・二	
法領摩洛哥	一九・五	一八・五	一八・〇	
埃及	一六・九	一六・三	一六・五	一六・四
英領南非聯邦	一三・六	一五・〇	一六・一	一八・五
英埃蘇丹	六・七	七・八	五・七	六・八
突尼斯	三・二	四・二	四・六	
阿爾及耳	三・三	三・二	三・四	
其他合計	九・七	一一・一	九・九	
海洋洲	五六・〇	五九・四	六〇・六	六六・四
澳大利亞	四五・〇	四七・三	四八・五	五三・五
新西蘭	一〇・一	一一・二	一一・二	一二・〇
其他合計	〇・九	〇・九	〇・九	〇・九
產茶諸國	八・七	六・六	八・六	一八・〇
印度及緬甸	四・一	三・七	二・九	一・五
錫蘭	〇・〇	〇・〇	〇・〇	〇・〇
印荷	〇・八	〇・六	〇・七	〇・五
中國	一・〇	〇・二	三・六	一五・一
日本	一・二	〇・六	〇・一	〇・三

台灣	〇・一	〇・一	——	——
法領印度支那	一・五	一・四	一・三	〇・六
總計	八九一・二	八六〇・六	八九六・八	

依照上述，產茶國家的消費量，不僅須根據進口茶葉的消費量計算，而且還需以其本身的生產量來說明，但因此種生產量的計算，各種不準確的錯誤，實際上是無可避免的。所以我們僅能以近似值看待它，倒比較來得合理。

印度每年消費茶葉很多，而且年有增漲，據非官方發表的數字，這年大約消費一萬〇一百萬磅茶葉，比去年超出約五百萬磅，自然這些消費的茶葉多半是本國自製的。至印度進口數字，乃是由陸路經過邊境的復出口數量，並非輸入供自己消費的。印度的總消費量數字，照例不包括緬甸在內，這年緬甸大約消費了一千六百萬磅茶葉，其中有一千三百萬磅的茶葉是產自南北擢州的(Shan States)，餘下的三百萬磅則是印度輸入的。

由錫蘭哥倫坡茶葉宣傳局編製的錫蘭產茶量及存茶量數字看來，一九三九年大約消費一千〇四十萬磅茶葉，以前的存茶量數字都不十分清楚，前年估計，生產量超過輸出量約有一千一百二十萬磅，此數卽爲錫蘭該年的茶葉消費量，另外，去年的消費量僅較低於前年，但比前此數年，無疑超過很多，總之，錫蘭極少外茶進口。

荷領東印度規定未經特許出口的茶葉專供內銷，一九三九年全年總共消費一千八百七十萬磅，和上年的一千八百九十萬磅不相伯仲。一九三九年茶葉進口僅有五十萬磅，比上年有很顯著的減退，此外，如將荷印境內的小規模綠茶製造廠和家庭工業的生產量加以計算，約近每年消費一千萬磅。如此看來，荷印每年多少要消費三千萬磅的茶葉，是無可置疑的事實。

馬來亞境內，上年由茶園產製的內銷茶有六十一萬八千磅，前年的有四十三萬五千磅，同年，由小地主茶園產製的內銷茶確數還不十分清楚，但估計每年也有二十五萬磅。假如另外加上一九三九年的外茶進口量四百一十八萬二千磅或一九三八年的四百二十一萬三千磅計算，則每年大致有五百萬磅的茶葉消費量。

一五

英領東非洲的消費量，僅上年有少許記載，這年報告不全，無從斷定其確數。

日本計算消費量的方法，係將生產量減去進出口數量來計算的。一九三九年爲七千七百萬磅，一九三八年爲八千四百萬磅，一九三七年爲六千七百萬磅，三年平均量爲七千六百萬磅，比起一九三四至三六年的三年平均量要超出八百萬磅，由此可見日本人民茶葉的消費量，在逐年的增漲中。

中國，台灣和越南三國的確實消費量數字向來缺乏，自然無從悉其究竟了。

蘇聯也產微量茶葉，但實際上僅能自給而已，一九三九年據報生產量是二千四百七十五萬磅，一九三八年是一千九百二十五萬磅。十年前蘇聯產茶極少。本身生產茶葉的總量遠低於輸入總量，但時至今日，兩者已逐漸接近，這不能不說是有長足的進步。伊蘭前年產茶數量，據官方發表，謂有一百一十四萬磅，前此五年，自然不會比此數再高，但如以此數與其進口量數字一千五百萬磅比較，則僅及其十分之一弱。據我們所知道的，除上述各國外，再沒有任何國家，每年能產一百萬磅以上的茶葉。

二　蘇聯茶葉的增產

俄國人民，酷嗜飲茶，可說世界各國人士中第一，惟因本國北部氣候嚴寒，而其他各地土壤，或不適宜植茶的緣故，全國現在所用的本國茶葉，全恃喬治亞共和國境內所出產品；但該區植茶事業，向不發達，其所出的茶葉的量，遠不足敷全國居民的需要；以致蘇聯每年由國外運入茶葉。所費不貲；蘇聯政府在第二次五年實業計劃開始的時候，對於植茶一事時加研究，並且籌設種種方法，以期產量增加而減少國外輸入；由一九三一年迄一九三九年八月中間，喬治亞共和國境內植茶區域已由一萬六千一百七十一公畝，增加到四萬七千一百四十四公畝；在一九三二年各茶塲所收穫的綠茶，每公畝平均是七百〇一公斤，而在一九三九年，則每一公畝平均收穫達二千二百八十六公斤；在一九三一年完納國家的綠茶，不過一千二百噸，而在一九三九年交付國家的綠茶，則在四萬四千噸以上；至於白毫茶（譯音按即紅茶）產量，在一九三一年總額爲二百九十噸，在一九三九年，則已超過一萬噸；至用綠茶所製成的茶磚二萬三千噸，尚不在內；蘇聯政府鑑於喬治亞共和國茶葉產量的激增，因此除明令頌揚外，特頒辦法，令喬治亞共和國繼續努力發展植茶事業，茲將該辦法分別敍述於下：

（一）植茶區域的推廣和產茶數量的增加

根據蘇聯政府一九四〇年四月二十五日所公佈的發展茶業的方案，所有在喬治亞共和國境內產茶的區域，至一九四四年底時，應由四萬七千一百四十四公畝，推廣至六萬公畝，而由一九四〇年至一九四四年中，應新增加的植茶塲地，計一萬二千九百公畝，應按下列時期及數字逐年增加。

一、一九四〇年應新增三千二百公畝

二、一九四一年應新增二千一百公畝

三、一九四二年應新增二千五百公畝

四、一九四三年應新增二千四百公畝

五、一九四四年應新增三千七百公畝

至於茶葉產量，也應逐年加增，以期在一九四四年時，所有綠茶產量，應不得少於九萬噸；即按平均收穫每公畝應收足綠茶至二千七百五十公斤。

（二）採用的技術和實施的救濟：

依照所採的辦法，首應繼續修繕各處茶塲；凡疎密不勻的，應於一九四一年年底以前，根本修整，使歸一律。由一九四〇年至一九四二年，剷除植茶塲地內一切烘焙用的爐灶；廣大採用在蓬帳下烘焙方法，責令蘇聯貿易人民委員部和國家設計委員會按月供給布疋，以備製作蓬帳的用；並令化學工業人民委員部供給精酸硫酸等化學品，以備烘焙的用。

在所有植茶塲地內，應於一九四三年完成構築蔽風地帶，並充分預備所需用的木椿。

爲增加茶葉收穫起見，蘇聯土地人民委員部應在一九四一年中，撥給喬治亞共和國境內各植茶塲地於需用的下列各項礦物肥料。

硝　二萬五千噸

燐　三萬噸

鉀　三千噸

蘇聯中等機械工業人民委員部應於一九四〇年按照全蘇茶業科學研究所擬定的「QTK」式商標專備耕耘茶田農具一百架，以備各茶塲的需用。

蘇聯土地人民委員部和國家設計委員會應於一九四一年計劃中，籌設改良土壤機器站，以便改善茶塲土壤，及清潔或乾涸各處溝渠的用。

喬治亞共和國政府，由一九四〇年起，應實施農業水利計劃；對於植茶各塲地，應視其乾濕情形，分別予以灌漑或令其乾涸，以免乾濕不匀的弊病？

㈢增設製茶工廠並規定各廠的製造力：

趕速完成現在沃爾達巴士米，赤濮洛次庫，那巴克維，第二吉利赤柯尼，那拉扎尼，那沙基拉利，拉伊士里，第二查連眞熙，蘭赤胡起，察拉帕胡拉尼，莫斯科，錯哈達烏里，沃爾比里，庫布列起，阿起格兎里，蘇卜沙，瑪瑪起，察夫喀，瑪格拉基，列西赤尼，柯多雷，等處，從事建造的各製茶工廠，與祖格吉的壓榨茶磚工廠，應使各工廠的生產力，在一九四〇年，能製成茶葉達七千八百七十噸，在一九四一年達一萬一千二百噸，在一九四三年達五千零二十噸。

在一九四〇年核定的計劃中，增加建築阿赤凱音茶廠一處，其生產力預計每年可製茶二千噸；而在一九四一年第二季時，應令首先製茶一千噸。

在一九四一年開始建築瑪爾特維利，卓格直安，克拉烏特，巘那赫列布等處製茶新廠四所，其生產力；應預計每年可製茶一萬二千噸，並於一九四二年中，應使瑪爾特維利卓格直安及古拉特等三茶廠首先開工其生產力須能製茶二千八百噸。

建設改製「老茶」(Lae-tcha 譯音）茶場六處，應於一九四一年三月一日以前完成，並開始工作，其六廠生產量總額，應使每年能改製六千噸。

在一九四四年中各廠已製成的白毫茶應有二萬二千噸出廠。

各茶廠和喬治亞境內各茶場一切建築費，應於一九四〇年原定的預算內，補撥一千萬盧布（其中包括各茶場建築費二百萬盧布）並規定在一九四一年撥給三千三百萬盧布，一九四二年亦撥給三千三百萬盧布。

此外爲保證實施上項辦法起見，除款項外，並由蘇聯經濟委員會在一九四〇年中，供給下列各項爲植茶工業所需的材料。

木料四千八百立方公尺

洋灰一千二百噸

各種鉛鐵一百五十噸

相鐵絲二十五噸

就上述蘇聯政府所採用發展茶葉和增加茶茶生產的計劃來講，在一九四四年時，喬治亞共和國境內所出產的茶葉，將有綠茶六百萬噸，紅茶二萬二千噸，合計應爲八千二百萬公斤，以蘇聯現在的人口一萬八千三百萬平均分配，是在一九四四年中，蘇聯人民每人每年可享用茶葉四百五十格蘭姆，即每人每日可享用一個半格蘭姆茶葉，似已足敷用，今後更加發展，則將見蘇聯所產的茶葉，不僅足敷本國全國人民的需要，而且可以其餘額運銷於國外市場，我們近年來，對於茶葉質量，正在講求改良增進的時侯，像蘇聯這種計劃，可引做吾人的借鏡，也可爲我國關心茶葉和辦理茶葉出口的人們的參考。

三　英國茶葉的消費

吃茶的風氣，是從東方傳到西方去的。在從前，茶是當作解毒的飲料，以後漸漸失去原來的意義，變成一種嗜好品。茶係何時輸入歐洲？雖然無從查考，但在十六世紀的各種文獻上，已能找到吃茶的事實。根據普通傳說，巴黎吃茶的風氣，是從一六三六年開始，但在英國，則開始於一六六四年。其最初輸往歐洲的茶，大都是在中國生產，其後漸有爪哇、印度和錫蘭的茶輸往，錫蘭茶的在英國，當時最是珍貴，大部當作皇宮內的應酬佳品。至於英國的一般嗜好，自印度和錫蘭的茶葉輸往後，紅茶的愛好程度，即遠駕綠茶之上。

英國茶的消費，佔世界第一位，本國雖然沒有大量出產，而爲其領地的錫蘭和印度，則爲世界著名的產茶地。一九三八年，全世界茶的總生產額，是八億六千六百萬磅，而倫敦一市場上的推銷額，已達四億三千八百萬磅，可見茶在英國的消費額，約佔世界全生產額的半數。一九三八年的英國人口，計有四千七百萬人左右，依此計算，每一人約消費九磅的茶。因此，茶(尤其是紅茶)在英國的國民生活上，實佔有重要的地位。

加爾各答、加倫布和巴達維亞，也是茶的出產地，經常有茶直接輸往澳洲、美國、南海和其他諸國。但是，世界茶產額的大部分，皆集中於英倫的中心市場，英國的茶商中，雖也有在各產地收買，而數量仍是有限。

在英倫中心茶市場中，茶的競賣，每週計有四次。星期一和星期三爲印度茶的競賣日，星期二爲錫蘭茶的競賣日，星期四爲爪哇、蘇門答臘、日本及其他產地茶的競賣日。

世界各國茶的消費數量及其每一人的消費數量表

國別	消費總量 紅茶	消費總量 綠茶	每人消費量
英本國	四四二・一	—	九・八四
愛爾蘭	二三・〇	—	七・七六
澳洲	四五・六	—	六・八八
新西蘭	一〇・八	—	六・八七
加拿大	三五・〇	三・〇	三・六七
荷蘭	二三・二	—	二・九一
法領摩洛哥	—	一八・五	二・八五
蒙古	—	二五・〇	二・五〇
香港	二・〇	—	二・二二
伊拉克	六・五	—	一・六三
伊蘭	一五・〇	—	一・二五
日本	一・〇	八二・〇	一・二〇
總計（包括其他）	一，一四九・九	四八一・二	

註：消費總量單位——百萬磅，每人消費量單位——磅。

英帝國屬領地的製茶，在集中於英國中心茶市場後，除供給國內消費以外，餘卽分銷其他各國，但其餘額，僅及國內消費額的百分之十二・三。

英國歷年製茶供求表（單位——百萬磅）

年度	輸入	再輸出	在庫	消費量
一九二九年	五五九·二	九五·〇	四六〇·四	四三八·九
一九三〇年	五四一·〇	八八·三	二六一·六	四六八·九
一九三一年	五三五·六	九〇·一	二四四·七	四九三·四
一九三二年	五六六·〇	七八·二	二八五·八	四七七·四
一九三三年	五〇五·〇	八二·〇	二八八·二	四四一·六
一九三四年	五〇七·六	六七·二	三〇二·〇	四三五·七
一九三五年	四七六·五	七二·〇	二六五·一	四四六·二
一九三六年	四八一·六	七〇·七	二三四·五	四四四·三
一九三七年	四八七·八	六九·六	二一八·〇	四四〇·六
一九三八年	五二六·七	六六·一	二四三·〇	四三八·五

英國歷年製茶輸入地別數量表（單位——百萬磅）

年度	印度	錫蘭	爪哇	中國	合計（其他）
一九二九年	三〇六·七	一五三·一	八五·四	九·二	五五九·二
一九三〇年	二九〇·二	一五二·一	八四·六	八·七	五四一·〇
一九三一年	二七七·一	一五八·九	八五·九	八·六	五三五·六
一九三二年	三一二·〇	一七三·〇	七三·五	四·九	五六六·〇
一九三三年	二八〇·〇	一四七·六	六二·八	八·〇	五〇五·〇

二二一

一九三四年	二七五・〇	一五六・五	四三・五	二一・〇	五〇七・六
一九三五年	二七〇・一	一四一・九	四一・六	八・四	四七六・五
一九三六年	二六八・七	一四五・二	三八・一	八・七	四八一・六
一九三七年	二七五・六	一四二・一	二六・六	一三・〇	四八七・八
一九三八年	二九二・五	一六七・一	三一・五	七・〇	五二六・七

英國歷年製茶再輸出地別數量表（單位——百萬磅）

年度	印度	錫蘭	爪哇及蘇門答臘	中國	合計（其他）
一九二九年	五四・九	二六・九	一〇・四	二・二	九五・〇
一九三〇年	五一・七	二六・四	七・九	一・八	八八・三
一九三一年	五〇・四	二六・八	一〇・六	一・五	九〇・一
一九三二年	四一・六	二二・三	一二・八	一・一	七八・二
一九三三年	三八・二	二二・六	一九・九	〇・八	八二・〇
一九三四年	三〇・〇	一八・五	一七・一	一・二	六七・二
一九三五年	三二・七	二三・八	一四・一	一・二	七二・〇
一九三六年	三四・七	二一・三	一二・四	一・二	七〇・七
一九三七年	三四・九	二〇・九	一〇・九	一・六	六九・六
一九三八年	三五・八	一八・七	九・七	一・〇	六六・一

根據以上各表，可知英國歷年茶葉供求與消費的大概情形。然自第二次歐洲大戰勃發以後，英國製茶的分銷他

國，也和國內其他物資一樣，加以輸出入的統制，實施許可制度。

現在，茶的栽培方法，受了文化的浸潤，普及到世界的每一角落，即在文化比較低下的地方，也有茶的栽培，但對於英國中心茶市塲的王座，却不能使他搖動。

四　美國茶葉的消費

歷年茶葉進口數字的統計和影響消費的分析　世界大戰前美國歷年來茶葉的進口，逐漸增加，但大戰後則逐漸減少。一九一九至一九三五年間的全部進口，平均每年約減少六二一•〇〇〇磅，減退數字，雖年有不同，然大致相差無幾。

自一八九〇年起，美國每人茶葉消費量已較前減少，故自一八九〇年至大戰開始時止，全部茶葉進口固屬增加，但每年平均的全部進口，已不能與人口增加率相平衡。

一九三八至三九年全部茶葉進口總額是八七。九八四•一〇二磅。較一九三七至三八年增多二•六六七。六〇六磅，或百分之三•一但較一九三六至三七年則減少三。四九五•一六八磅或百分之三•八。

今日歐洲戰事再度爆發，茶葉貿易統計，自一九三九年九月起，已無確切的數字可資參考。惟一九三九年戰前七八兩正常月份，茶葉進口仍達本年上半年度的最高水準，較諸同年各月份爲高，同時，一九三九年首八個月的茶葉進口，更爲一九三三年以後歷年來同期中的最多者。

大戰後美國茶葉進口減少，同時紅茶綠茶與烏龍三種茶葉進口的數量也都較前有所變動。此外，出產紅茶的各國輸出，也較往年變更。

由於綠茶和烏龍茶進口的銳減，紅茶輸入的數字確很可觀。但從全部進口減退的情勢上看來，紅茶的進口，還不能抵足其他茶葉進口減少的不足。

自一九三五年至一九三八年的四年內，印度，錫蘭，爪哇，蘇門答臘，及非洲各地輸入占美國全部茶葉進口額百分之九〇•一，即在總額六千二百七十萬磅中占五千六百五十萬磅。一九三八年上述各地占美國全部茶葉進口額百分之九一•一。一九三八年各種茶葉進口較一九三七年減少百分之一六•六，但其中印度，錫蘭，爪哇，蘇門答臘及非洲各地全部紅茶的進口則僅減少百分之五•一。

在分析進口數字對於消費影響之前，應先研究其進口貿易的數字。本文附錄即對此問題作一有系統的報告，其中數字即表示進口的精確數量。

但此項進口數字，倘不能代表消費數字。因茶葉自到達進口商人手中至茶葉爲人飲用時止，其間倘須若干時日。

茶葉在美國的儲存量，每年年終較諸年初所存增減不一。由此項增減數目上看來，一年來進口的數量和消費的數量復不相同。

從茶袋數量的增加上，也可看到茶葉進口後消費的情形。據最近調查，一般主婦在烹茶時，一袋茶可烹茶數盃。如此，吾人既知一袋茶可得茶數盃，同時又知一磅茶可分爲二百袋，則一磅茶在零售時，平均數量當較二百盃爲多。

雖可靠數字無從參考，但據估計一九三八年內，各地輸入美國茶葉，其中百分之十八係裝成茶袋進口。但在一九三〇年時則倘不及百分之五。

茶葉進口後儲存和消費的關係的一個觀察 每年茶葉進口的數字，所以與每年消費數不同的原因，蓋由於每年國內儲存數時有增減所致。此種儲存多在下列各處所中：

進口商人的倉庫。

包裝商人的倉庫或工廠。

掮客或百貨批發公司的倉庫。

百貨公司合作商號的倉庫或工廠。

各種零售商店。

飯店、咖啡店、及其他茶店。

一般消費家。

自然，此種全部儲存數目每年精確的統計，須從每年輸入消費的茶葉磅數中計算而得。

美國 Elmo Roper 所組織的茶葉合作局研究會，即從事於進口商人，包裝家，掮客及百貨批發公司，以及百貨公司合作商號的倉庫或工廠，自一九三六至三八年三年來儲存茶葉的調查。已有八十三家公司呈送報告，彼等儲存數量約計爲全美進口商人，包裝家，掮客及百貨公司批發處，以及百貨公司聯合商號的倉庫或工廠所存茶葉百分之八十。

對茶葉事業狀況具有經驗的專家五人被委託估計該會調查所得的數字在全美茶葉儲存額中所佔的百分比。目前已有九家進口商人呈送報告。據專家稱，此九家所儲存的數目係佔全部進口商人儲存額百分之九十。同時，十四家包裝商所報告的茶葉儲存數，據估計可佔全部包裝家儲存額百分之三十五，五十三家掮客及百貨批發公司的所存佔全部掮客及批發公司百分之三十三%，七家百貨公司合作商號的倉庫和工廠所存占全部合作商號百分之七十。

上列各類商號茶葉儲存百分數所代表的實際數額，略如下示：

截至一九三六年十二月底，九家進口商所存的茶葉是九・六六一・三九一磅，此項數額據專家估計應爲全部儲存額百分之九十。以百分之九十除九・六六一・三九一得一〇・七三四・八七八，即爲全部進口商所存茶葉的總額其他各類的估計也可同樣計算，第一表所示，即全部進口商，包裝家，掮客及百貨批發公司以及合作商號的倉庫及工廠三年來（一九三六·一九三七·一九三八）所存的總額。

以此項儲存數字精算進口統計，即可獲得一九三七及一九三八年

各獨立經營的零售百貨商店

各批發公司所設的零售商店

各百貨公司合作商號所設的零售商店和

各飯店及其他茶店所購茶葉的大概數字。

此項數字，通常稱之爲「精算進口」，可依下列公式計算的：

精算進口＝當年進口加年初的所存減年底的所存。

茶葉儲存數字均須以每年十二月底所列爲準，故本文所列一切進口數字，悉以歷書年度計算，而不依照會計年度。

一九三七及一九三八兩年的精算進口，依照上述公式計算，約如下表：

（甲）一九三七年全部茶葉進口	九五·五五二·八二八
加：一九三七年一月一日所估計的儲存數目：	三五·一〇〇·九二九
計得	一三〇·六五三·七五七
減：一九三七年底所估計的儲存數目：	三八·三一二·七九二
一九三七年的精算進口應爲	九二·三四〇·九六五
（乙）一九三八年全部茶葉進口	七九·七三五·九二七
加：一九三八年一月一日所估計的儲存數目：	三八·三一二·七九二

二七

計得　一一八•〇四八•七一九

減：一九三八年底所估計的儲存數目：　三四•四六〇•九一六

一九三八年的精算進口應得　八三•五八七•八〇三

第一表

全部茶葉儲存估計：所在地(單位磅)	一九三六	一九三七	一九三八
進口商	一〇•七三四•八七八	一一•七四五•二四七	一〇•四八〇•三六八
包裝家	一三•七一二•八三七	一五•六一〇•〇六一	一三•五〇二•九五〇
掮客及百貨公司批發處	三•四三一•八一一	三•〇一二•三三六	二•六五五•二二八
百貨公司合作商號	七•二二一•四〇三	七•九四五•一四八	七•八二二•三七〇
總計	三五•一〇〇•九二九	三八•三一二•七九二	三四•四六〇•九一六

全部茶葉儲存估計：類別(單位磅)	一九三六	一九三七	一九三八
印度，錫蘭，爪哇，蘇門答臘及非洲紅茶	二一•〇五三•六五二	二〇•八八四•八二三	一八•六八六•八一三
中國日本及台灣紅茶	四•一六三•三六六	五。六七三•一五〇	五•四八〇•七九二
綠茶烏龍及其他茶	九•八八三•九一一	一一。七五四•八一九	一〇•二九三•三一一
各種總計	三五•一〇〇•九二九	三八•三一二•七九二	三四•四六〇•九一六

註：各百貨公司合作商號的工廠及倉庫所存在內，但零售商店所存不計在內。

但此項「精算進口」仍不能視作消費數字。消費數字至今尚無確切統計，將來或有計算消費的精確方法，故本文對消費一項，不及詳述，目前主旨，乃在研討進口和消費二者間的關係，並擬使其中間距離縮短。如茶葉儲存一項在依據進口計算消費中確有其重要性時，則本文初旨卽達到了。

如精算進口仍與消費不相等時，第二次問題則為：二者相差的數量是若干？

對於此問題的解答，可分兩方面來說。

第一，上文所作的精算中，未列入零售商店，茶商及一般消費者的所存。此等變動雖不甚多，但目前尚無精確的統計。

第二，在全部進口商，包裝家，批發，掮客及合作商號倉庫所存的數字，尚有所謂錯誤的伸縮額：應估計Roger氏所作統計表的一切錯誤。錯誤的伸縮額應在百分之一・四以下。

一九三七年各種茶葉的精算進口達九二・三四〇・九六五磅，一九三八年達八三・五八七・八〇三磅。由於兩年內儲存量的不同，一九三七年的精算進口較進口額少三・二一一・八六三磅，一九三八年則較進口額多三・八五一・八七六磅。結果一九三八年進口額雖較一九三七年減少百分之一六・六，但精算進口較上年僅減少百分之九・五。

一九三八年印度，錫蘭，爪哇，蘇門答臘及非洲各地紅茶的精確進口較一九三七年減少百分之一・七。全部紅茶的精算進口較上年減少百分之四・五，而烏龍，綠茶及其他茶的精算進口則較上年減少百分之二二・七。

茶葉精算進口和非精算進口的分析及與其他經濟因素的關係　截至一九三二年底止，美國一般的商務狀況已遠較一九二〇年為衰退，但在一九三三年首幾個月內，經濟情勢又漸趨恢復。就大體說來，恢復程度尚不及衰退程度為速。此種復原現象至一九三七年下半年止，此後又有二次的衰退，至一九三八年底仍未終止。

從下述數種經濟部門中，即可看到茶葉及其他商務變動情勢的比較：

一、製成食品進口的實在數量。

二、未製成食品進口的數量。

三、消費品全部進口的數量。

四、批發生意的數量。

五、零售生意的數量。

六、零售食品買賣的數量。

七、「確切的」國民收入。

上列七種因素，下文當簡略地討論，大別可分爲兩大類，一卽與茶葉非精算進口的比較，一卽與茶葉精算進口的比較。

所作上列分類的原因至爲明顯。蓋「確切的」國民收入，零售生意，零售食品買賣，及批發生意等皆係與國民購買力有關的主要因素。此四種經濟類別，皆可與茶葉消費的指數作一比較。

食物的進口及全部貨物的進口及依據市場狀況，價格變動以及與消費者關係較少的其他影響而變化的因素。故食物及全部貨物的進口統計，亦可與茶葉進口的統計作一比較。但茶葉的非精算進口似不能與零售生意，零售食品買賣，批發生意或「確切的」國民收入的內在的因素有密切關係。

就目前論茶葉消費指數尙付闕如，惟上文所作的進口精算尙可視作消費的「第二近似值」。（進口數字可視作「第一近似值」）。是以茶葉的精算進口與其他內在因素比較時，尙屬可靠的計算。

本文目的雖重在精算進口的比較，但非精算進口值中的某種事實亦足注意。例如，在一九二九至一九三六商務衰退時首七年內，茶葉進口的變動卽與所有一般的經濟趨勢不同。在此一期內，茶葉進口且與其他食物進口以及全部進口的變動迴異。僅一九二六，三七，三八年內茶葉進口與其他進口的變動相同。

再就茶葉精算進口值來說，其一九三七至一九三八年的變動與其他國內商務狀況的變動相同。

一九三七至一九三八年茶葉精算進口值減退，其他有關因素，除零售食品買賣略有增加外，亦多少減退。

此兩年內全部茶葉進口約減少百分之九•五，全部紅茶精算進口值減少百分之四•五，其中印度，錫蘭，爪哇，蘇門答臘及非洲紅茶則減少百分之一・七。綠茶，烏龍及其他茶減少百分之二二・七。「確切的」國民收入減少百分之八・一，批發生意與零售生意減少約百分之六，而零售食品買賣則增加百分之三。

茲就其比較數值，申論之。例如，一九三七至三八年內紅茶的精算進口如已減少，但同時零售生意的指數，減少更多，則紅茶的精算進口，當較零售生意爲高。

計算此種比較的增加時或較計算其實有數時尤難，但下列說明或能使吾人於計算時有所幫助：

一九三八年紅茶精算進口值爲一九三七年之百分之九五・五。

一九三八年零售生意的數量爲一九三七年之百分之九三・六。

因此一九三八年紅茶精算進口與一九三七年相較指數，爲一九三八年零售生意與一九三七年相較指數的百分之一〇二。（九五・五・一・九三六）。

故與零售生意有關的紅茶精算進口值，由一九三七至一九三八年約增百分之二。

一九三七至三八年全部紅茶精算進口雖減少百分之九・五。但如與其他因素的變動相較時，則其減少程度，與「確切的」國民收入相較時爲百分之一・五。

與零售生意的數量相較時爲百分之三・二。

與批發生意的數量相較時爲百分之三・六。

與零售食品買賣的數量相較時爲百分之一二・二。

一九三八年內全部紅茶的精算進口減少百分之四・五，其中印度，錫蘭，爪哇，蘇門答臘及非州紅茶的精算進口則僅減少百分之一・七。故每種精算進口所佔「確切的」國民收入之數，一九三八年也較一九三七年爲多。同時在一九三八年零售生意及批發生意的數量中所佔的百分數也較前爲大，僅在零售食品買賣數量中所佔者較少。

如以此種比較趨勢更推前若干年觀之，則能更知其詳。因在一九三七至一九三八短短兩年內甚難獲得茶葉精算進口的變動軌跡。但所可惜者，美國在一九三六年十二月底以前國內茶葉儲存數字，向不確切統計，因之一九三七年以前的精算進口數字無法求得。

但截至一九三三年底止的茶葉儲存的約略統計，倘可參考，此等數字雖不能依據以製成圖表或比較，但仍有其重要性。Elmo Roger 組織開始調查茶葉儲存時，不但已獲得一九三六，一九三七，與一九三八年各大公司的報告，即前三年間的大致情形，也已着手調查。

據估計此六年內十六家公司的所存，除零售者外，約爲美國全部儲存數百分之四十五。其自一九三三至一九三八年調查所得的報告，約如下表內所載：

六年來各公司報告每年終所存茶葉的數目（單位磅）

年份	印度，錫蘭，爪哇，蘇門答臘，非洲紅茶	中國日本及台灣紅茶	綠茶烏龍及其他茶	分類茶葉共計	未分類茶葉	全部總計
	（十四家公司）				（二家公司）	（十六家公司）
1933	13.245.459	674,097	4.461,187	18.380.743	2.313.447	20.694.190
1934	10.297.403	1.317.809	3.377.516	14.992.728	1.764.956	16.757.684
1935	8.688.352	1.645.692	4,537.860	14.871.904	2.074.543	16.946.447
1936	8.784.384	1.330.195	2.460.869	12.575.448	2.066.495	14.641.943
1937	9,136,170	2.834.448	2.984.295	14.454.913	2.192.092	16.647.005
1938	7.424.994	1.953.994	3.147.893	12.526.881	2.805.607	15.332.488

註：據估計上述十六家公司的所存，除零售者外約爲美國全部儲存數百分之四十五。

由上表中即可看到如果十六家公司所儲存的數量爲全美儲存量百分之四十五時，則一九三三年至一九三八年全美茶葉儲存量的大致情形，也可由此而推見，然而所以不如此者，乃在此十六家公司的報告，并不足以代表全美茶葉進口商人，包裝家掮客，批發公司以及合作商號儲存茶葉的情況。十六家公司的儲存數量與其他大商號所儲存數量的比例并不相稱，同時大公司與小商號數量更加懸殊。因此，十六家公司每年儲存量的增減情形與全美儲存量情形亦不相同——而此種增減情形，正吾人於調劑進口以適應消費時所須計算者。

不過，吾人知此十六家公司自一九三三年十二月底至一九三八年十二月底之儲存量頗有顯著的減退。此時間內的減退量——即二〇・六九四・一九〇磅減去一五・三三二・四八八磅——爲五・三六一・七〇二磅。如果此數確當於全部儲存減退量百分之四十五時，則一九三三年至一九三八年全部儲存減退量當爲一一・九一四・八九三磅。此一字數約當於同期茶葉進口額百分之二・八，因其全部進口額爲四一八・九六四・三八〇磅。

茶葉合作局近擬繼續搜集每年茶葉儲存量的統計數字，如此則將來調劑茶葉進口的傾向也可得有端倪。此種調劑方法，對於消費額固然不足以確定其準確數字，但在進口與消費數字之間，可得一正確的估計，於將來當大有稗益。

五　世界茶業大事年紀

公元前一世紀　王褒僮約有「武陽買茶」「烹茶盡具」句，可見當時我國士大夫間已甚普遍。

三世紀初　華陀撰食論，謂「常飲濃茶，可以醒思。」張楫著廣雅則謂「茶飲則醉而不能醒眠。」足徵三國時我國人士殆已嗜茶成風。

四世紀中　郭璞註爾雅詳述茶樹及茶的飲用。

五世紀中　川鄂邊界居民，製茶成餅，烘乾，舂碎爲粉，和水飲之。

公元四七五年　土耳其人至蒙古邊境，以物易茶。

六世紀中　我國文物東漸，茗飲的知識遂亦傳於日本。

八世紀中　陸羽著茶經，言茶之原，之法，之具，甚備，爲後世茶學之祖。

公元七八〇年　我國始徵茶稅。

公元八〇五年　日僧傳行大師 Deaggo Daishi 自我國攜茶種返國，是爲日本有茶種之始。

公元八一五年　日本嵯峨天皇 Sagu Emperor 詔植茶於京畿左近五省。

公元八一六年　吳元濟亂唐憲宗特詔壽州兵三千，保其境內茶園。

公元八四七—八六〇年　裴休立稅法十二條。

公元八五〇年　阿剌伯人蘇尼門氏 Soliman 著兩阿剌伯旅行人之茶樹記。爲外人記載最早之茶書。

公元九五一年　日人以茶爲防疫飲料。

公元九六〇—九七〇年　宋太祖詔設茶庫。

公元九六八—九七五年　我國發明龍團茶製法。

公元九七六年　宋太宗詔推行榷茶制度。

公元九九九—一〇〇三年　丁謂被派爲福建漕，監造御茶。

公元一〇四一年　蔡端明爲傳始造小龍團茶。

公元一〇七四年　遣李杞入蜀買茶備易番馬。

公元一〇八三年　設茶馬司。

公元一一一九年　製銀紅水芽茶，卽爲後世雨前茶之所由來。

公元一一五九年　日創行「茶道儀式」 Tea Ceremony

三四

公元一一九一年　日僧長永齊Yeisai 再授種茶法與其國人，並著行世，是爲日本茶書之祖。

明　代　中國發明綠茶製造法。

公元一五五九年　威尼斯人滕摩沃 Giamlutsstu Bamnsi 發行第一部茶書，開歐人論茶之先例。

公元一五六〇年　葡萄牙人神父克羅滋 Gaspar cn canz 著中國茶飲錄。

公元一五六七年　俄人彼得洛夫 Ioun Petroff 及耶力世夫 Boor nah Yolyskeff 介紹茶樹新聞入俄。

公元一五七五年　日本主持茶道儀式之高僧聖寶 Jo-o 傳茶道儀式與獨裁者信長 Nobunagu。

公元一五八二年　日高僧千野利休 Sen no sikyu 授茶道儀式於日本中級人民。

公元一五八八年　羅馬神父梅菲 Fothei Grovanni Maffei 於其拉丁文著作印度史中有一一茶之敍述，並引舉阿密達神父 Almecda 之茶葉摘記。

公元一五八八年　日本獨裁軍官秀吉 Hideyashi 舉行盛大茶會於北野 Kitaro 松園。

公元一五八九年　威尼斯人柏持羅 Groanni Botero 著城市興盛之原敍及茶飲。

公元一五九七年　波思 Jakasm Bankin 著植物學述及種茶概要。

公元一五九八年　以英文介紹茶葉文字始於林斯却頓 Jan Hngo Van Lin Chooten 之航海與旅行一書，該書原係拉丁文，一五九五年出版於荷蘭。

公元一六〇六年一六〇七年　荷人自澳門販茶葉至爪哇。

公元一六一〇年　荷蘭始輸茶入歐。

公元一六一五年　英屬東印度公司駐西拉多經理處韋格漢 K. L. Wrckham 報告函中，有關於茶之摘記，是爲英人自有茶葉參考資料之始。

公元一六一八年　我國出使俄國欽差餽茶與俄皇。

公元一六三五年　德醫士保尼 Siman Panlli 著文抨擊茶之過量服用。

公元一六三七年　茶飲習尚，風靡全荷，荷屬東印度公司爰囑其西返船隻，每次均購中日茶葉若干以資應市。

公元一六三八年　阿里拉斯 Adam Olcarine 與曼德諾 Albertnon Mandelslo 所著德使使波錄，謂其時茶飲已遍於波斯與印度之蘇拉特 Surat。

公元一六四〇年　茶成海牙社會上之時髦飲料。

公元一六四一年　荷蘭名醫迪克斯 Nicalas Dirx 於所撰藥考中對茶備致稱譽。

公元一六四八年　巴黎名醫巴丁 Guy Patin 詆茶爲今世之新不良飲料，並謂青年醫生摩雪特 Marriset 所撰茶頌一文，已受醫界猛烈之非難。

公元一六五〇年　英人已偶飲茶，其價格每磅自六鎊至十鎊。

公元一五六六年　荷人挾茶至新亞姆士特丹，即今之紐約。

公元一六五一年　荷屬東印度公司駛日商船輸日茶三十磅入荷。

公元一六五五年　尼荷氏 Jonqnet Nienhoff 記茶乳同飲，始自廣州我國官吏之宴荷使。

公元一六五七年　法醫士瓊奎特 Jonquet 譽茶爲神草，與聖酒仙藥媲美，象徵法醫藥界對茶態度之轉變。

公元一六五七年　英倫敦格威氏咖啡店 Gawajs Caffee-House 開始公售茶葉。

公元一六五八年　英國倫敦本年九月三十日政治公報揭載沙丹尼斯咖啡店 Sultaness Head Coffee House 售茶廣告。爲茶葉登報廣告之始。

公元一六五九年　倫敦本年十一月十四日政治公報稱茶，咖啡與巧克力幾於遍街均有出售。

公元一六六一年　日烏奇郡僧隱元 Jngen 發明烘焙製茶法，所製茶即名「隱元茶。」

公元一六六四年　英屬東印度公司獻茶一·一磅又二盎斯與英皇查理二世 Charles II。

公元一六六六年 英阿靈登 Arlington 與烏蘇來 Ossory 爵士以携至海牙之茶餽同寅，飲茶習尚，於是風行一時。

公元一六六六年 巴黎來拉 Acbe Rayonae 記當時倫敦茶價每磅值二鎊十五先令又五便士。

公元一六六七年 英屬東印度公司囑其爪哇萬丹 Bantam 經理處購辦頂上華茶百磅備用。

公元一六六九年 英屬東印度公司首次直接輸茶入英其中有一百四十三磅半係販自爪哇萬丹。

公元一六六九年 英禁荷茶輸入。

公元一六七二年 日山代省人 Yamashiro 上林彌平 Mihei Kambashi 首用烘焙機製茶。

公元一六七二年 熱諾亞人 Geroa 蒙里拉爾 Smnan de Mobinaris 出版亞洲茶（或名茶之特點與功用）一書。

公元一六七八年 英屬東印度公司自萬丹運茶四千七百十七磅抵英倫敦茶市爲之擁斥。

公元一六七八年 英人薩威尼 Henry Sayille 於友人前謂其叔己以茶代烟酒。

公元一六八〇年 約克公爵夫人介紹蘇格蘭人以茶款客之習尚。

公元一六八〇年 倫敦公報刊登售茶廣告每磅價三十先令。在英屬美洲殖民地最賤茶價每磅亦需五六金元。

公元一六八〇年 法詩人薩布里夫人 Madame de la Sabliere 介紹其國人以茶乳和飲之習尚。

公元一六八一年 英屬東印度公司囑其萬丹經理處每年固定購入價值千鎊之茶葉運英。

公元一六八四年 荷人逐英人於爪哇以便獲得茶葉。

公元一六八四年 克勒亞博士 Dr Andreos Cloyu 以首批日本茶樹介紹至爪哇。

公元一六八四年 英屬東印度公司命其麻德拉 Madras 經理處每年選購茶葉五六簍至英。

公元一六八九年 我國首次直接輸英之茶，由廈門抵英。

公元一六八九年 中俄簽訂尼布楚條約 Ner chnisk ireay 華茶源源入俄。

公元一六九〇年　哈里斯 Benganir Harris 與凡倫 Danicl Vemon 獲得在波士頓售茶之執照。

公元一六九六年　中國准西藏人購茶於打箭鑪。

公元一七〇〇年　美殖民地人始以牛乳或漿酪攙茶飲用。

公元一七〇〇年　英雜貨舖開始售茶葉前此僅能於藥店或咖啡館獲得之。

公元一七〇五年　愛登堡一金匠刊登廣告，綠茶每磅售十六先令，紅茶則三十先令。

公元一七一〇年—一七四四年　日僧長吉宗 Yorhimune 廢止每年舉行之茶道旅行。

公元一七一二年　波士頓藥商波爾士頓 Zabdrel Baylston 刊載廣告出售紅綠茶葉。

公元一七一二年　法東方通雷勒德 Ensebe Benandat 在巴黎發表中印問題論集內譯載蘇里門氏所著二摩罕謨德人遊阿拉伯記，謂阿人飲茶始自彼等之介紹，時在紀元後八百五十年。

公元一七一五年　英人始飲綠茶。

公元一七二一年　英輸入茶葉首次超過一百萬磅。

公元一七二一年　英政府為謀使東印度公司之茶葉專利權加强起見，下令禁止歐陸其他國家茶葉輸入。

公元一七二五年　英頒首次禁止茶葉攙僞條例。

公元一七二八年　荷屬東印度公司在爪哇植茶失敗。

公元一七二八年　英傳述家第蘭夫人 Mary Delany 記當時茶價紅茶每磅值自二十至三十先令，綠茶自十二至三十先令。

公元一七三〇年　蘇格蘭醫學博士蕭特 Thomas Short 發表茶論一書，敍及荷人於其二次東渡時，以蕓香易茶葉之事。

公元一七三〇年—一七三一年　英國會通過二次禁止茶葉攙僞條例。

公元一七三四年　是年荷蘭輸入茶葉總額達八十八萬五千五百六十七磅。

公元一七三五年　俄女皇伊麗沙白參預華茶陸路運俄開幕典禮。

公元一七三八年　日人中谷物：郎 Sorchiro Nagatani 發明日本綠茶製造法。

公元一七三九年　東印度輸荷農產品總值中茶葉價值躍居首位。

公元一七四八年　紐約人士習染成風，烹茶必用著名喞筒所輸之水。

按紐約人士最重飲茶烹茶必取泉水，而泉水非可近得，於是以喞筒抽水，分佈市區，貯備乘用。是爲喞筒。

公元一七四九年　開放倫敦爲自由港，以利愛爾蘭與美國之茶運。

公元一七五〇年　紅茶在荷漸奪綠茶之市塲，往昔以咖啡爲早餐飲料者。亦多以紅茶代之。

公元一七五〇年　日茶首次外輸，由華商自長崎 Nagasaki 運出。

公元一七五三年　瑞典植物學家林勒氏 Linndens 於所著植物分類論 (Species Planiorun) 中分茶爲二屬卽山茶 Shea Canallri 與本茶 Theas Sinensis 是也。

公元一七五三年　英國飲茶習尚，遍及農民。

公元一七六二年　林勒氏所著植物分類論再版中將前定名之「本茶屬」Thea Sinensis 删去，更分爲二屬，命其名曰「紅茶樹屬」Thea Bohea (Black)與「綠茶樹屬」Tnea Viriolis (Green)。

公元一七六三年　歐洲首次植茶供瑞典猶不沙爾 Upsul 林勒氏之研究。

公元一七六六年　英禁止茶葉攙僞條例罰則中增入監禁處分之規定。

公元一七六七年　英國國會通過貿易與國稅條例 Act of Trade and Revenue 加重茶及其他物品輸入美洲殖民地之稅額遭該地人士之反抗。

公元一七七〇年　英廢止貿易與國稅條例所規定之一切稅則但茶稅除外就實際言，其時殖民地人所飲用茶葉，均早由荷蘭私販而來。

公元一七七二年　英植物學家李特生 Lettsoon 分茶爲二屬即紅茶屬及綠茶屬與林勒氏之說同。

公元一七七三年　英國會特許英屬東印度公司販茶至美，並派專員駐美辦理茶稅徵收事宜。

公元一七七三年　英屬東印度公司之茶葉均載諸特約船隻，駛往波士頓，紐浦特，紐約，菲勒地菲亞，却爾斯頓等處。

公元一七七三年　是年十二月十六日波士頓公民多人喬裝爲印度人，將東印度公司所運到茶葉悉沉諸水。

公元一七七三年　是年十二月二十六日有開往菲勒地菲亞茶船一艘被阻港口，於縱火焚船威脅下被迫返英。

公元一七七三年　有茶船首次運茶抵却爾斯頓。因未納稅，關吏扣留其茶，置之地窖，旋均霉壞。

公元一七七四年　是年四月有茶船兩艘抵紐約甫入港， 其一所載茶葉，即悉被投水，另艘見勢不佳，遂逸返倫敦。

公元一七七四年　八月某貨船載有茶葉開赴安尼浦尼斯 Anna Polis 未抵埠，即被迫駛返。十月，被格斯蒂華號 Peggy Stewat 載二千磅抵安城，於其停泊處被焚。

公元一七七四年　十一月十一日不列顛尼亞波爾號 Britannia 載茶八箱駛抵却爾斯頓卸貨時，船主自沉其茶於水。

公元一七七四年　十二月二十二日格林威區 Grecnwich N. J. 殖民地人焚其地所屯茶葉。

公元一七七四年　英人瓦特漢 John wadham 首先獲得製茶機器之專賣特許狀。

公元一七七六年　英當局不顧殖民地之輿情强征茶稅，美國大革命遂起。

公元一七七七年　英國會通過三次禁止茶葉攙僞條例。

公元一七七九年	英當局下令强迫茶商裝置售茶標記於其店面，以便顧客。
公元一七八〇年	英屬印度總督赫斯廷氏 Warren Hastingo 以其部屬由中國攜返綠茶茶子分贈北印度布丹Bhtuan 之布格爾 Goorge Bogle 及加爾加答之開特 Robert Kyd 大佐各少許，開特大佐植之庭中，後竟成長。
公元一七八二年	我國改組廣州公行以便管理國茶對外貿易。
公元一七八四年	英茶稅頻增，竟達值百抽百二十之比例。
公元一七八四年	倫敦茶葉零售商巨擘溫甯氏 Ricbord Twining 對充斥市場之攙雜茶葉大肆攻擊。
公元一七八四年	青年內閣彼特 William Pitt 任內英國會通過減稅條例，Commutation Act 將茶稅減至舊稅率十分之一。
公元一七八五年	中國皇后號抵紐約爲以美船運華茶至美之嚆矢。
公元一七八五年	是年英註册茶葉躉批零售商人共計三萬家。
公元一七八五—一七九一年	自一七八五年至一七九一年荷蘭每年輸入茶葉總額平均約爲三百五十萬磅，較之五十年前計增四倍。
公元一七八六年	菲勒地菲亞第一艘加入華茶貿易船隻之廣東號開始行駛。
公元一七八八年	英著名博物學家貝克爾士 Sir Joseph Banks 提請注意英屬印度栽茶之可能性。
公元一七八八年	英屬東印度公司以在印度植茶，有礙其華茶貿易頗加阻撓。
公元一七八九年	美政府始征茶稅，紅茶 Black tsa 每磅課一角五分美金貢珠茶 Imperial 二角二分，雨前綠茶 Young Hyson 五角五分
公元一七九〇年	法國植物學家麥臯 Andre Michaux 最先在却爾斯頓附近之密德預 Middleton 植茶。

四一

公元一七九〇—一八〇〇年	十八世紀之末十年，英屬東印度公司每年輸英茶葉平均爲三百三十萬磅。
公元一七九三年	隨英使馬克里爵士 Macartnay 來華之科學家多人，運載中國茶子至喀爾喀答。
公元一八〇二年	錫蘭試種茶樹失敗。
公元一八〇五年	卡第勒 Cordiner 謂錫蘭有野生茶樹，後世認爲不經。
公元一八一〇年	華人自厦門來台灣，授種茶之法。
公元一八一〇年	巴西植茶失敗。
公元一八一三年	英國會廢止英屬東印度公司在印之貿易專利權，但對其在華貿易專利權則准予延長二十年。
公元一八一四年	戰時利得者煽引菲勒地菲亞居民組織不消費會，會員均約誓不購價值每磅三角五分以上之咖啡與不買新進口之茶葉。
公元一八一五年	勒都大佐 Latter 促世注意上阿薩姆印度土著所飲用之野生茶葉。
公元一八一五年	哥温博士 Gobdn 介紹英人孟加拉 Bengal 西北一帶試種茶樹。
公元一八一五年	是年拿破崙戰爭結束，英增茶稅至值百抽九十六。
公元一八二一年	上海始有綠茶貿易。
公元一八二三年	布路士少將 Robert Bruce 在印度阿薩姆發現土生茶樹。
公元一八二四年	荷政府命隨荷使使日之博物學家賽波博士 Philippfrang von Siebold 搜集日本茶籽運爪。
公元一八二五年	倫敦美藝社捐獻金質獎章一枚，贈與在英首次栽製茶葉成功者。
公元一八二五年	英政府駐阿薩姆事務官司各德大尉 David Scott 送馬尼坡 Mampur 茶樹葉至喀爾喀答，但未能證實爲眞正之茶葉。
公元一八二六年	爪哇試種賽波博士由日携返之茶籽。

公元一八二六年　倫敦好里門商店之創辦人好里門 Horiman 首售包裝茶葉於市。

公元一八二七年　考班博士 F. Carbyor 在下緬甸阿來幹 Arackan 之三多華 Sandoway 發現土生茶樹。

公元一八二七年　爪哇皮登曹 Bwtenzorg 與牙律 Garoet 之政府植物園中。植有日本茶籽長成之茶樹一千五百株。

公元一八二七年　爪哇政府派甲考浦生 J.I.L.L. Jacobson 赴華考察茶葉之栽培與製造。

公元一八二七年　科學家兼著作家羅爾博士 J.F. Boyle 力勸植茶於印度喜馬拉亞山區之西北部。

公元一八二八年　爪哇首於皮登曹製成樣茶爰於克拉萬省 Kranang 之萬勒甲沙 Wanajrasa 闢塲試種茶樹。

公元一八二八—一八二九年　甲考浦生二次由華返爪，攜回茶樹十一株。

公元一八三〇年　爪哇始有製茶廠一，在萬勒甲沙。規模甚小。

公元一八三〇年　英國每年茶葉消費量爲三千萬磅，其他歐美國家每年消費總額則爲二千二百萬磅。

公元一八三一年　却爾頓大尉 Acharlton 送阿薩姆土生茶樹至喀爾喀答國家植物園，但被認爲山茶。旋告枯斃。

公元一八三二年　馬德拉 Madras 政府官員克雷斯泰博士 Christie 在南印度之底格拉斯山 Nilgiris Hills 試種茶樹。

公元一八三二年　布羅斯氏 C.A. Bunce 促政府官員俞金大尉 Captain Jrancis Jenkins 注意阿薩姆之土生茶樹。

公元一八三二年　巴地摩爾 Baltimare 商人麥克金 Isani Mckim 首建巨型快艇安尼麥克生號 Ann Mckim 專供載運華茶之用。

公元一八三二年　是年英茶商註冊計達十萬零一千六百八十七家，每家年繳營業稅十一先令。

四三

公元一八三三年　甲考浦生第六次由華返爪，（亦卽其最後一次）携回茶秄七百萬粒，茶農十五人及製茶工具多種。

公元一八三三年　甲考浦生以積勳被任爲爪哇官營茶葉企業之主持人。

公元一八三三年　英國會廢止東印度公司之華茶貿易專利權。

公元一八三四年　印度總督貝廷克爵士 William Chailes-canewdisk Bentinck 下令組織茶葉委員會。研究印茶栽植方案。

公元一八三四年　印度茶葉委員會派祕密書戈登 Gearge games Gordon 赴華羅致茶工茶秄，並考察華茶產製方法。

公元一八三四年　美國頒給羅斯曼 W.W. Crossman 第一次茶壺特許專利狀。

公元一八三四年　英屬東印度公司茶葉專利權停止後，倫敦明心弄 Mincing Lane 開始茶葉交易。

公元一八三四年　却爾頓大尉再以阿薩姆茶樹標本送至喀爾喀答，此次並附有茶果，茶蕾，茶葉藉助研究，結果證實該樹爲阿薩姆土生茶樹。

公元一八三五年　第一批爪哇茶運抵阿姆士特丹 Ams-Terdam 應市。

公元一八三五年　由於印度土生茶葉之證實戈登於遣運中國茶秄三船至喀爾喀答後，旋卽應召賦歸。

公元一八三五年　印度總督更進而下令組織科學會，命其研究並介紹最有希望之實驗茶區。

公元一八三五年　日茶商德雄王 Jokno 發明「Gyokmo茶」製造法。

公元一八三五 八三六年　印度科學會以二對一之比通過移植中國茶樹，並以同票數通過捨喜馬拉亞山而屬意上阿薩姆爲最有希望之茶區。

公元一八三五 一八三六年　印以長成於喀爾喀答之中國茶樹四萬二千株，分植於上阿薩姆古門 Kumoor 蘇末爾 Sirmore

及南印度。

公元一八三五三六年　布羅士被任爲阿薩姆植茶監督，闢茶園於沙地亞 Sadiya 附近之沙克華 Saihhwa。

公元一八三五三六年　方哥爾博士 Dr, Hugh Falconer 被任爲古門 Kumoor 植茶監督，其所辦布德開 Bhurtqur 與布漢都 Bhemtal 兩茶園均告失敗，嗣在古門，蘇末爾格華 Garhwal 三地，開闢茶園，始著成效。

公元一八三五三六年　中國茶樹二千株由喀爾喀答運抵南印度，盡枯斃。

公元一八三六年　布羅士於試植華茶外兼在沙地亞辦一苗圃，專事栽種土生茶樹。

公元一八三六年　布羅士得華籍紅茶製造專家三人，當將墨塔克 Matak 土生茶葉製成小樣若干，送至喀爾喀答。

公元一八三六年　是年秋布羅士送二批阿薩姆樣茶五盒至喀爾喀答。

公元一八三八年　阿薩姆首次外銷茶八箱運往敦倫。

公元一八三九年　第一批進口阿薩姆茶抵英計八箱，由東印度公司在倫敦之印度大廈 Jndian F Onse 出售。

公元一八三九年　阿薩姆土生茶籽首次由喀爾喀答運往錫蘭。

公元一八三九年　印度茶葉種植公司先進阿薩姆公司成立採用複理事會制。一設倫敦，一設喀爾喀答。

公元一八四〇年　阿薩姆公司接辦政府在印度東北省份經營茶園之三分之二。

公元一八四〇年　第二批印度茶九十五箱運抵倫敦應市。

公元一八四〇年　英屬印度吉大岡 Chiuagang 開始植茶。

公元一八四〇年　錫蘭皮來地尼亞植物園 Oerademya Botanic Gorder 自喀爾喀答植物園運到阿薩姆茶樹約二百五十株。

四五

公元一八四一年　錫人華恩 Manricl B. Worws 自華歸國攜茶樹苗種植於香斯拉華 Pussdawa 之羅司直爾茶園 Rhthschrld Esjate。同時有威温者 Llewillyn 由喀爾喀答購得阿薩姆士生茶葉樹，植於多洛司 Deoasloge 之濱浪茶園 Penylan Estate。

公元一八四二年　格勒威咖啡店 Garrhway's 成倫敦茶業投機中心。

公元一八四二年　粵茶商始運湘茶出口。

公元一八四二年　荷政府開始在爪放棄其茶樹種植專利。

公元一八四二年　中英簽訂南京條約廢除公行制度並開放上海，甯波，福州，廈門爲通商口岸。

公元一八四二年　印度底嚇拉鄧 Dehra Dun 始種茶。

公元一八四三年　方可爾博士首次攜中國茶種所製成之古門樣茶蒞英。

公元一八四三年　甲考勃生之植茶指南問世。

公元一八四三年　英賦稅部檢舉製偽回龍茶。

公元一八四四年　麻里休士島 Mauritias 始試種茶樹。

公元一八四七年　俄外高加索始種茶。

公元一八四八年　東印度公司治下之印度政府派福慶 Robert Fartune 赴華採集茶樹茶工及茶具。

公元一八四八年　格林威爾 Gree meille 之史密斯博士 Dr, Junius Smith 始在美植茶。

公元一八五〇年　英屬東菲納塔爾 N A tol 之寶班植物園 Dnrbrn 始試種茶。

公元一八五〇年　「東方號」Oriental 爲美快艇中第一艘載華茶至倫敦者。

公元一八五一年　福慶自華返喀爾喀答，携大批茶樹茶具茶工以歸。

公元一八五一年　倫敦繼續檢舉回龍茶。

公元一八五一年	漢倫大佐 Cal Hanoay 自辦茶園爲阿薩姆私人擁有茶園之嚆矢。
公元一八五三年	美海軍副少將皮勒 Perry 建立美日直接商業關係爲後日美日茶葉貿易之序幕。
公元一八五三年	烏拉夫人 M me Kay Oura 爲日商寄贈樣茶至國外之第一人。
公元一八五四年	詹姆森博士 Dr, Jmeson 在印度古門縣祥里司 Byznath 附近之阿亞士里 Agas-Jali 創立基本茶園。
公元一八五四年	錫蘭茶農協會 Pcanter's Anociotior 成立。
公元一八五四年	英人與立薇 Charles Henry Oliver 獲得製造烘焙機之特許專利狀。
公元一八五五年	印度堪察爾 Cacdar 發現土生茶樹。
公元一八五五年	英人薩威志 Alfred Savage 獲得切茶機，分離機，混合機之特許專利狀。
公元一八五六年	英商人阿爾特 Sylhet 於堪察爾 Cachar 間山地發現滿佈土生茶樹，雪赫特山東北亦然。
公元一八五六年	堪察爾與大吉嶺開始植茶。
公元一八五七年	雪赫特始闢茶園。
公元一八七〇年	美政府渭福慶 Rabert tartime 赴華採集茶秄。以備分種於南部各州。
公元一八五九年	橫濱爲日本最優茶產區之門戶。是年起開放，計輸出茶葉四十萬磅。
公元一八六〇年	爪哇政府決定放棄其茶業專利權。
公元一八六〇年	英頒佈禁止食品攙雜通例。
公元一八六一年	俄商第一家磚茶廠成立於漢口。
公元一八六五年	美南北戰爭時茶稅每磅二角五分。
公元一八六二年	日第一家複製茶廠在橫濱成立。

四七

公元一八六三年　華製茶專家授日人以茶葉人工染色法。

公元一八六五年　自爪哇政府將茶園和予私人經營後爪哇茶葉栽種事業頓告繁榮。

公元一八六三年　三桅船「恩惠者號」載首批日茶直接運美。

公元一八六三年　「傑可浦鐘號」Jscob Bell 與「阿尼達號」Aneida 載價值二千五百萬美金之華茶由上海往紐約，中途爲聯邦政府戰鬥艦「福羅尼達」Flanida 刼去。

公元一八六六年　印度茶地飛漲，加以茶業投機熱烈欲狂，致釀成後一時期茶業之崩潰。

公元一八六四年　錫蘭鄧巴桂 Dumbara 來甲拉人 Rojarmba 林德賽 David Baird Linesay購得阿薩姆茶籽若干植之。

公元一八六六年　由福州駛英載茶快艇十一艘速率競賽「阿里號」Aaiel 以九十九日到達，最稱迅捷。

公元一八六六年　錫政府遣摩里斯 Arthw Mricl 赴印考察阿薩姆茶區。

公元一八六六年　李克 Milceain Mlartin Lcake 爲其所辦開爾公司 Kir Dundus S Co 訂購首批中國阿薩姆混合種茶籽運錫試植。

公元一八六七年　錫政府在乾地 Kandy 附近之龍里康地拉 Laole Condera 闢田地二十畝，栽種茶樹，派台拉 James Toylar 監督其事。

公元一八六七年　是年杜德公司 Dadd S Co 試運台灣烏龍茶至廈門，其受主爲塔特公司 Tait S Co 之華經理人。台灣烏龍茶之輸出始此。

公元一八六八年　中國海關始有茶葉輸出統計。

公元一八六八年　日靜岡縣 Shrzuska 始種茶樹。

公元一八六八年　外國洋行多家在神戶設辦事處及倉庫。

公元一八六八年　杜德公司在台灣首創覆焙設備，並由福州厦門聘來專門技工，以司其事。

公元一八六八年　英屬甲麻加島 Jamaica 國立農事試驗場闢地一英畝，試植茶樹。

公元一八六九年　蘇彝士運河之開闢，變更並縮短東來茶運路線。

公元一八七〇年　巴拉幹沙拉 Parakan Salak 人賀爾 A-Halle 始在爪哇以機械採茶。

公元一八七〇年　爪哇農業法規定土地租期爲七十五年，於種茶事業頗致激勵。

公元一八七〇年　福州始設磚茶廠。

公元一八七二年　戶神是始有年茶葉烘焙設備。

公元一八七二年　錫人台拉以其在龍里康地拉所製之首批茶葉送乾地應市。

公元一八七二年　英不尼斯都 Bristol 人巴列特 John Bartlett 獲得混合機特許專利狀嗣遂創辦巴列特有限公司 Bartlett S Son S, Ltd。

公元一八七二年　印度發明茶機之先進傑克遜 Willian Jackason 於熱拉 Jorhat 製成其第一部茶揉機。

公元一八七三年　錫茶首次輸出，運往英國計二十三磅。

公元一八七四年　印度孟來大佐 Eolward Maney 發明茶葉烘焙機，

公元一八七五四年　印度多爾 Daoars 始種茶樹。

公元一八七五年　英食物藥品條例中規定禁止劣茶輸入。

公元一八七六五年　錫蘭咖啡農場爲病蟲所毀，茶樹種植事業頓有長足之進展。

公元一八七六年　黟縣茶商余業至祁門傳授紅茶製造法，祁紅聲譽自是鵲起。

公元一八七六年　薛赫特二士著少年合設茶園，爲印人擁有茶園之嚆矢。

公元一八七六年　東京公共複製茶廠成立，私家複焙貨棧亦遍設於冶津 Nwnayu 狹山 Sayama 林松 Murnatsu

等地。

公元一八七六元　掃沙拉加 Jzsalak 行政長官首爲爪哇裝置傑克遜式 Jackson 茶揉機。

公元一八七六年　日人赤蝠玉三郎 Famasabus Akakori 與高堂衞介 Yesuke Kando 發現日本籃烘茶 Basket-Fired tea 製造法。

公元一八七六年　菲勒第菲亞百年紀念博覽會 Philadelphiu Centermial Exposition 列有日茶展覽。

公元一八七六年　印度茶葉協會組織未成。

公元一八七七年　奈達爾 Natal 始植商用茶樹。

公元一八七七年　大衞遜 Samael Davidsan 發明其第一那蘇洛哥式 Siracco 茶揉機。

公元一八七七年　爪哇茶業栽培業造所製樣茶至倫敦茶業經紀人，徵求品評。

公元一八七八年　爪哇茶場輸入阿薩姆茶秄，並採用阿薩姆植茶方法。

公元一八七八年　漢口磚茶廠採用水力製造茶磚。

公元一八七九年　日本第一次茶業競賽會舉行於橫濱，參加茶商計八百四十八家。

公元一八七九年　「蘇羅哥」一號式茶揉機爲第一部具有向上調節器之揉茶機，首次陳列於市。

公元一八七九年　「印度地方茶業協會」成立於倫敦。

公元一八八〇年　錫蘭第一部自製茶揉機係由華克爾公司ahn FiilJ Walker S Co 經手出售。

公元一八八〇年　羅比船長 Captain Roffie 在富濟 Fiji 羣島中萬挪勒服 Annaseun 試種茶樹。

公元一八八〇年　第一批奈塔耳茶三十磅運抵倫敦應市。

公元一八八一年　大衞遜 S. C. Daviesan 創辦「蘇里哥機械廠」Sirasso Snginceung Works 於伯爾里斯特 Belfast。

公元一八八一年　美議會指撥基金專爲在南部各洲提倡茶樹栽種之用。

公元一八八一年　「印度茶業協會」成立於喀爾喀答。

公元一八八一年　日本紅茶製造業聯合組織「橫濱紅茶會社」。

公元一八八一年　爪哇蘇甲鮑美 Solkabocmi 農業聯合協會成立。

公元一八八二年　錫蘭第一部茶葉烘焙機製成於杜洛司貝 Dolosbage 之溫德蘇森林場 Wuidso Forest Plantation 是。

公元一八八二年　是年巴黎一售印錫茶葉舖開業。

公元一八八三年　康莫龍 William Cameran 改良錫蘭茶樹修剪法。

公元一八八三年　哥倫布 Colamli 首次茶葉拍賣舉行於「蘇濟威爾公司 Sosoewille S Co.」。

公元一八八三年　美議會通過首次茶業法意在取締攙僞茶葉之輸入。

公元一八八三年　日本第二次茶葉競賽會舉行於神戶，參加茶商計二千七百五十二家。

公元一八八三年　日本「中央茶商公會」成立。

公元一八八四年　傑克遜 Wililam Jacksan 製成其首部茶揉機。

公元一八八四年　沙洛脫夫大佐 A. Solovtzoff 在俄國外高加索之恰克華 Bhokva 植茶可五畝牢，

公元一八八五年　高林謙三 Kenzo Jakabayachi 獲得兩種茶揉機之特許專利狀，爲日有製造綠茶機械之嚆矢。

公元一八八六年　爪哇茶樹栽培家二人訪印錫，考察新式茶葉栽製法。

公元一八八六年　是年華茶對外貿易造其極峰。

公元一八八六年　日本「中央茶商公會」遣橫山孫一郎 Magorchiro Yodyama 赴俄考察茶市。

公元一八八六年　錫蘭「茶業聯合基金」Ceylon Tea Gndicote Fund 爲路德富 H. K. Butherfard 所發起，並

五一

公元一八八六年　將錫茶贈海外，計贈出六萬七千磅。

公元一八八六年　日本「中央茶商公會」遣平生喜造 Kijo Hirao 赴華錫印三地考察茶葉栽培。

公元一八八七年　第二批奈塔耳茶五百磅運抵倫敦。

公元一八八七年　傑克遜 Willian Gachsan 出其第一部揉茶篩分機問世。

公元一八八八年　尼亞塞蘭 N Yasaland 始植茶樹。

公元一八八八年　傑克遜製成其第一部茶葉揀分機 Sorting Machni。

公元一八八八年　「日中央茶業聯合社」Japan Central Association 調查海外茶市。

公元一八八八年　錫蘭茶業界發起自動捐集錫蘭茶業基金充錫茶宣傳之用。

公元一八八八年　錫蘭茶業基金會供給美商行多家錫茶樣品俾資廣贈。

公元一八八八年　倫敦「茶業清算所」Tea Clearing House 落成。

公元一八八八年　「錫蘭協會」成立於倫敦。

公元一八八九年　錫蘭樣茶佈贈政策推及南愛爾蘭，俄羅斯，維也納及君斯坦丁堡。

公元一八八九年　「錫茶業基金會」盛茶於裝璜美麗之盒進獻飾菲公爵暨公爵夫人 Duke and Duckess of F yfe 導始以茶爲餽贈貴顯之禮物。

公元一八九〇年　歇巴博士 Dr. C. H. Shepard 設茶園茶廠各一於美國南加羅立那洲 South Carolina 之賓茂維爾地方。

公元一八九〇年　蘇門答臘始設茶園於德里 Delr 但未獲成果。

公元一八九〇年　錫茶宣傳，在俄開始，由羅格威 Maurice Rogwve 主其事。

公元一八九〇年　巴西輸入阿薩姆茶籽，試植於門細斯格刊 Minro Geraes。

公元一八九〇年　「錫茶業基金委員會」津貼並贈樣茶與該國在坦司愛尼亞 Themania 瑞典，德意志，加拿大及俄羅斯之商行。

公元一八九一年　巴勒特 Charles Barthett 獲得第一部軸式茶葉混合機特許專利權。

公元一八九一年　錫茶有每磅售至五磅十五先令者，造成倫敦競賣市場茶價之新紀錄。

公元一八九一年　九江始製小京磚茶。

公元一八九二—一九〇一年　俄商在九江創辦磚茶廠。

公元一八九三年　是年一月一日起，錫蘭政府開征出口茶稅每百磅征十錫仙Ceylon Cents。

公元一八九三年　「支加哥世界博覽會」Chicago World's Fair 開幕，印錫茶業均作强度宣傳，由不蘭奇賴 Brchard Blechynden 與格杜頓 John J. Grinlinton 分主其事。

公元一八九三年　「印中央茶業聯合社」闢設大茶亭一座於支加哥世界博覽會。

公元一八九三年　樸口夫 C. S. Poyoff 闢茶葉試驗場於外高加索之喀堯化 Chokna 附近，帝俄農業部旋植茶六百畝於其地。

公元一八九三年　爪哇茶農多家合聘一化學技師研究茶樹之科學栽培法。

公元一八九四年　哥倫布茶業公會成立。

公元一八九四年　錫蘭茶農協會與總商會聯合決議，予尼潑頓公司 Jhomas J. Liptan 及其他錫茶出口商以年間津貼。

公元一八九四年　錫蘭茶業基金委員會展拓其活動範圍至澳大利亞彼拉堯 Pesak 匈牙利，羅馬尼亞，塞爾維亞，加里福尼亞及英屬哥倫比亞等地。

公元一八九四年　倫敦印度地方茶業協會與喀爾喀答之印度茶葉協會合併，易名為印度茶業協會，設會址於倫敦

公元一八九四年　印茶業自動認捐茶稅，籌集基金，充茶業宣傳之用，自本年起以九年爲期至一九〇二年止。

公元一八九四年　蘇門答臘首批出口茶葉自德里 Dcli 之稱伯茶園 Rimdoen Estate 運往倫敦。

公元一八九四年　錫蘭茶業基金由各方代表三十一人組織一委員會保管後，該會遂改名爲三十人委員會 Thirty Committhe。

公元一八九四年　三十人委員會派代表二人赴美攷察錫茶推廣之最善方策。

公元一八九四年　麥根基 Willien Machenzil 被任爲錫蘭駐美茶業推廣專員。

公元一八九四年　錫蘭茶出口稅率增爲每百磅二十錫仙。

公元一八九五年　我割台灣與日，日政府極力提倡台灣茶業。

公元一八九五年　錫蘭駐美茶業推廣專員麥根基報告美人習飲綠茶，並建議增加綠茶產量。

公元一八九六年　是年錫茶宣傳在歐開始，直至一九〇二年止。

公元一八九六年　錫蘭三十人委議會議決：予出口綠茶以每磅十仙之獎勵金，自本年起以九年爲期，至一九〇四年止。

公元一八九六年　印錫茶業在美聯合宣傳。

公元一八九六年　倫敦司密斯君 A. V. Smith ，首先獲得茶袋專利特許狀。

公元一八九七年　美議會通過第二次茶業法，禁止攙雜及劣等茶葉輸入。

公元一八九七年　日茶製造始改用機器。

公元一八九七年　是年美國每人茶葉消費量達其最高峰，計爲一・五六磅。

公元一八九七年　錫茶推廣運動委員會駐俄辦事處改組爲有限公司專營錫茶。

公元一八九七年　九江俄商磚茶製造廠開始向錫收買茶末。

公元一八九八年　美徵「美西戰爭」茶稅每磅美金十分。

公元一八九八年　錫茶駐美推廣專員在美領導爲推廣綠茶特辦之廣告運動。

公元一八九八年　錫蘭三十人委員會聘板波氏 Mhelway Bomber 爲農業化學技師。

公元一八九八年　日人原崎源作 Gensaku Harasaki 發明製造綠茶用之機器蒸鍋。

公元一八九八年　自本年起日茶開始在美宣傳直至一九〇六年止。

公元一八九八年　自本年起日茶開始在俄宣傳，僅於一九〇五・一九〇九，一九一六三年曾暫中輟。

公元一八九八年　錫茶贈樣宣傳，推廣及於菲洲。

公元一八九九年　紐約茶業協會成立。

公元一八九九年　是年大吉嶺雨量達二十八英寸，各處山崩，該地茶區被波及者達百分之七。

公元一八九九年　巴黎博覽會開幕，錫茶參加陳列。

公元一八九九年　日本闢清水 Shimizu 爲通商口岸，茶市中心旋由橫濱神戶移至靜岡。

公元一九〇〇年　印錫茶葉成爲華茶在俄市場之勁敵。

公元一九〇〇年　錫蘭三十人委員會對綠茶出口獎勵減爲每磅七仙。

公元一九〇〇年　波斯（伊蘭）始植茶樹。

公元一九〇〇年　蘭賴 T. H. Benton 任錫茶駐歐推廣專員。

公元一九〇〇年　法屬印度支那開始輸出茶葉。

公元一九〇〇年　爪哇米羅 Baenga-Melaer 首備萎凋樓房。

公元一九〇〇年　受生產過剩影響，印錫種茶事業宣告停頓。

公元一九〇〇年　印度茶業協會之喬克雷 Jocklai 茶業試驗場成立，僅有農業化學技師一人。

公元一九〇一年　巴黎博覽會開幕，日台茶葉參加陳列。

公元一九〇一年　茶與咖啡商業雜誌 The Tea and Coffee Trade Journal 在紐約刊行。

公元一九〇一年　南加羅立那州考里頓郡 Colletoa Canny 植茶事業發軔，但後告失敗。

公元一九〇一年　茶稅廢除協會在紐約成立，請願取消美西戰爭茶稅。

公元一九〇二年　尼亞薩蘭 N Yasland 始植商用茶樹。

公元一九〇二年　爲供應美國茶市起見，少數印度茶園續製綠茶。

公元一九〇二年　錫茶宣傳運動在阿富汗開始。

公元一九〇二年　錫出口茶稅率增至每百磅征三十錫仙。

公元一九〇二年　爪哇皮登曹 Bwtenzorg 製茶研究所 Proefstation Voor Thee 成立。

公元一九〇三年　印當局征出口茶稅每磅四分之一派 pie，以供促進世界印茶銷售量之用。

公元一九〇三四年　印茶開始在美宣傳，直至一九一八年三月底止。

公元一九〇三年　美國國家茶業協會在紐約成立。

公元一九〇三年　美議會通過廢止茶稅。

公元一九〇三年　是年奈塔耳 Natal 茶葉產量達其最高峯，計共爲二百六十八萬一千磅。

公元一九〇四年　聖路易展覽會 Sti Laois Expasition 開幕，印錫日茶葉均參加陳列。

公元一九〇四年　錫蘭研究烏龍茶產製之可能性。

公元一九〇四五年　印茶在英開始宣傳。

公元一九〇五年　是年日茶廣事宣傳，廣贈茶樣於澳洲，刊登廣告於法國報紙，參加「比京博覽會」。

公元一九〇五年	爪哇種植業組織茶葉鑑定局 Tea Expert Bureau。
公元一九〇五年	中國茶葉考察團赴印錫攷察茶葉產製。
公元一九〇五年	「反茶稅協會」Anti Tea Association 在倫敦成立。
公元一九〇五—六年	印茶在歐宣傳開始。
公元一九〇六年	舊金山大火全城茶業機關幾均被燬。
公元一九〇六年	考特來 W. A. Comtney 繼麥克滋 Willion Mack-engie 任錫茶駐美推廣專員。
公元一九〇七年	因一九〇〇年生產過剩而停頓之印錫植茶事業是年復業。
公元一九〇七年	日在美國與加拿大茶葉宣傳結束。
公元一九〇七年	中國茶業協會 China Tea Association 在倫敦成立。
公元一九〇八年	錫蘭停征茶稅，其駐美推廣專員考特來 Comtney 隨而解職。
公元一九〇九年	「優茶」Fine Tea 運動在英開始。
公元一九〇九—一〇年	爪茶在澳宣傳由巴達維亞 Batavia 茶葉鑑定局蘭布氏 H Lambe 主持。
公元一九一〇年	蘇門答臘開始大規模種植茶樹。
公元一九一〇年	日台灣政府予某公司津貼製造紅茶。
公元一九一〇年	英屬東非烏干達 V ganda 開始植茶。
公元一九一一年	美禁止人工染色茶輸入。
公元一九一一—二年	印茶宣傳在南美開始。
公元一九一二年	紐約茶業協會改組成立美國茶業協會。
公元一九一二年	日茶在美繼續宣傳。

五七

公元一九一四年　為德巡洋艦愛姆登號 Emden 所襲沉貨物中計有茶葉一千二百萬磅。

公元一九一四八年　當歐戰時，德人購茶極感困難。

公元一九一五年　中國農商部在祁門南鄉平里設「祁門茶葉改良場。」

公元一九一五年　歐巴博士去世 Dr. Charles V Shepard 其在南加尼福尼州寶茂維威爾 Pomewille 所營之茶園，旋亦日就荒蕪。

公元一九一五年　由於俄軍大量採購紅茶之故，歐戰頗予華茶以極好之復興機會。

公元一九一五六年　印茶在英屬印度開始宣傳。

公元一九一七年　巴達維亞茶葉鑑定局愛德華氏 H. T. Edwards 訪美謀改進爪茶在美銷場。

公元一九一七年　英政府實施戰時茶葉統制，管理茶葉貿易。

公元一九一七年　俄大革命茶葉貿易隨而崩潰。

公元一九一八年　漢口俄商茶廠均告停業，中國茶棧多家亦告清理。

公元一九一八年　日台灣政府對台灣茶業開始採取普遍扶植政策。

公元一九一九年　英廢止戰時茶葉統制。

公元一九一九年　英特惠稅則對輸入英產茶葉每磅減稅二便士，是年起施行。

公元一九一九年　美茶業協會謀舉辦全國茶葉宣傳運動，開始設法使栽茶者，運茶者，售茶者，及茶葉經紀人均能參加其事。

公元一九一九年　德茶稅增至百分之百，國內茶葉消量為之疲滯。

公元一九二〇年　美茶業法修正條文，增設美國茶葉檢查所 U. S. Board of Tea Appeals。

公元一九二〇年　本世紀第二次茶葉生產過剩所引起之恐慌，使英屬植茶業互約是年節制生產。

公元一九二一年 德輸入茶量再度達到戰前水準。

公元一九二一年 印錫植茶業採精細摘茶法，減低產量。

公元一九二一年 印茶稅率由每磅四分之一派 Pie 增至每百磅四安尼 Annas。

公元一九二二年 台灣政府開始爲台茶在美作報紙宣傳運動。

公元一九二二年 印錫繼續限制茶葉生產。

公元一九二三年 爪茶在美開始商業性宣傳。

公元一九二三年 印茶繼續在歐美宣傳。

公元一九二三年 台灣政府設茶葉檢驗所。

公元一九二三年 日本地震，燬東京橫濱所儲茶葉約三百萬磅。

公元一九二三年 印度茶稅委員會委員牛拜 Harald W. Kewby 訪美尋求推廣印茶美銷之可能性。

公元一九二三年 印度茶稅委員會議決歲撥美金二十萬磅充印茶在美宣傳費用，並派梅格漢爵士 Charlds Higam 主其事。

公元一九二三年 印茶出口稅率增至每百磅六安尼。

公元一九二四年 是年尼亞薩蘭 N Yasaland 輸出茶量逾百萬磅紀錄，計爲一百萬〇五萬八千五百〇四磅。

公元一九二四年 爪哇茶業會議在棒頓翁 Bardaeng 開幕。

公元一九二四年 日化學家宣稱在日產綠茶內發現丙種維他命 Vitamin C。

公元一九二五年 蘇維埃聯邦共和國置茶葉收購爲政府專利事業。

公元一九二五年 不洛克有限公司 Brooke Bond S. Co. 與詹姆士有限公司 James Frulay S.Co. 在東菲之墾耶 Kenya購地廣事植茶。

五九

公元一九二五年　蘇聯續在各處茶市大規模收購茶葉。

公元一九二五年　錫蘭茶葉研究院 Tea Research Justute of Ceylon 成立，政府已征出口茶税每百磅十仙貼補之。

公元一九二六年　台灣紅茶產量增進，每年約達四十萬磅。

公元一九二六年　日本中央茶業組合在美五年宣傳運動是年開始。

公元一九二七年　印茶在法宣傳運動停止。

公元一九二八年　鑾耶茶葉首次輸出在倫敦應市。

公元一九二八年　比林 Leopald Beling 被任爲印茶駐美專員。

公元一九二九年　在英具有二百六十九年歷史之茶税廢於是年。

公元一九三〇年　烏干達茶 Vganda 在倫敦初度應市。

公元一九三〇年　英荷植茶業互約節制生產，是年產量訂成以四千一百萬磅，其預期額則爲五千七百萬五十萬磅。

公元一九三一年　中國設茶葉檢驗機關於上海漢口。

公元一九三一年　英荷植茶業廢止節制植茶協定。

公元一九三一年　英發動購買英茶不購外茶運動是項運動計歷時二年始止。

公元一九三二年　摩洛哥頒佈取締着色茶入口法令。

公元一九三二年　錫蘭國務院通過議决案：設立錫茶宣傳委員會，以爲錫茶對內對外宣傳；並規定茶葉出口税每磅不得超過一仙，設出口茶葉歲入值九萬一千磅時，則茶税之起點爲半仙。

公元一九三二年　錫禁劣茶輸出。

公元一九三二年　荷印茶葉栽培協會 Netherlands Indias Culture Association 在爪哇巴達維亞 Batavia 成立。

公元一九三二年　是年四月起英復征茶稅，外茶輸入每磅課四便士，土茶課二便士。

公元一九三三年　國際茶葉委員會設立茶市推廣局以謀聯合宣傳。

公元一九三三年　英屬印錫及荷印政府採用茶葉輸出限制五年計劃。

公元一九三三年　支加哥世界博覽會開幕，日本陳列茶葉及新出樣茶。

公元一九三三年　赫克斯萊 G. Huxley 被任爲錫茶宣傳運動委員會首席委員。

公元一九三三年　高萊 F. E. Gourlay 主持下之蒙德利爾 Mantreal 錫蘭茶葉局 Ceylon Tea Bureau 開始爲錫茶在加拿大宣傳。

公元一九三三年　錫茶開始在南非宣傳，杜華氏 Leslie Daw 任駐菲委員。

公元一九三三年　國際茶葉委員會在倫敦成立，爲英屬印錫及荷印所採茶葉輸出限制五年計劃之執行機關。

公元一九三三年　印度出口茶稅增至每磅八安尼。

公元一九三三年　英國土產茶葉運動重新組織命名爲「皇國茶產者」Empire Tea Growers。

公元一九三四年　「帝國茶產者」在英開始新聯合運動。

公元一九三四年　荷亞總督下令征收茶業宣傳稅，規定茶園出茶每百磅征三十八仙，土著製茶十九仙半。

公元一九三四年　印錫爪茶業界代表組織調查團赴美，謀增進茶葉美銷數量。

公元一九三四年　在美國復興行政設施下 National Recovery Administration 美茶業界採同業公平競售法則 Acode of Fia Cemetation。

公元一九三四年　美農業部頒佈法令，宣告外國茶葉必須合於華盛頓食物藥料管理局 Food Drug Administra

六一

公元一九三四年　tion Workington 規定之化驗標準，方准進口。

當加尼加烏干達尼亞薩蘭聯合議決，限制新闢茶區之面積爲七，九〇〇畝，並議定在印錫茶之輸出限期內禁止茶籽販運出口。

公元一九三五年　國際茶葉委員會規定本年印錫荷印之輸出限制百分之八二•五。

公元一九五五六年　蘇聯茶葉產量突飛猛晉，計一九三五年爲二，五九〇噸，一九三六年爲四，五九〇。

公元一九三六年　希臘試植茶。

公元一九三六年　國際茶葉委員會議決：限制茶葉出口協定自一九三八年四月一日起繼續有限五年。

公元一九三六年　馬來聯邦通過限制並統制茶樹種植及茶籽出口條例。

公元一九三六年　中國皖贛兩省合組皖贛紅茶運銷委員會從事改良祁甯茶葉之種植製造及運銷。

公元一九三六年　南印名貴「橙黃」「白毫」在倫敦以每磅三十六磅十三先令四便士之高價售出，開倫敦公賣市場之新紀錄。

公元一九三七年　台灣開闢高山茶園，謀提高茶葉品質。

公元一九三七年　英增茶稅，對輸入外茶每磅課六便士，土茶四便士。

公元一九三七年　美國農業部公佈自一九三七年五月一日至一九三八年四月三日美國輸入標準茶各十種。

公元一九三七年　中國實業部聯合產茶六省暨茶商領袖，創設中國茶葉公司。

公元一九三七年　中國全國手工藝品展覽會在南京開幕，茶葉亦參加陳列。

公元一九三七年　中國茶葉公司派劉鐵良余知勇赴歐非考察茶市，旋在倫敦設立經理處，由劉鐵良主持其事。

公元一九三八年　因中日戰事關係，中國外銷茶市中心由上海移至香港。

元一九三八年　中國財政部頒佈管理全國茶葉出口貿易辦法大綱。

公元一九三八年　中國茶葉公司派員分赴川黔滇康四省考察茶區，並在雲南之順甯佛海宜良四川之灌縣設廠製茶

公元一九三九年　中國茶葉公司在紐約舊金山成立經理處，推售自製紅綠茶葉。

公元一九三九年　中國財政部頒佈修正管理全國茶葉出口貿易辦法大綱。

第二編　華茶的產銷與統制

一　過去的歷史背景

茶葉用爲飲料的起源不可考，一般人多根據中國印度及日本三國古代的傳說。中國認爲茶葉的發明當在紀元前二七三七年的神農時代。神農氏爲人民嘗試百草，偶於煮水時，有茶葉由枝頭飄入鍋內，於是發明茶可作爲飲料。印度方面則以爲茶葉係由千餘年前的達摩祖師所發明。達摩嘗坐禪七年，未曾入睡，惟趺坐至第五年時，忽覺困倦，無意中由身旁樹上摘茶葉食之，頓覺精神爽朗，繼續趺坐，無復倦意。日本傳說尤爲怪誕，其說與印度故事相似，即於謂達摩於座修時，常爲睡魔所迷誘，乃將眼瞼割去，棄置地上，即其處生茶樹兩株，以爲此即茶樹產生的起原。

除上述諸神話傳說外，雲南緬甸邊境的禪部及緬甸阿薩密間 Patkoi 山中的 Nagaa，均知利用茶葉的功用。此兩地所產的野茶，已有千百年的歷史。數百年前，由於中國茶種的輸入，印度遂在西北部阿薩密省開始植茶。但在此時以前，緬甸羣山麓間，已有野生的茶樹。

十八世紀時，飲茶是中國普遍的風尚，惟其發源地當屬雲南與四川兩省。現在中國政府當局在雲南省內計劃發展當地的茶葉事務，自有其深意。前數月間，曾有人發現雲南西部所生的茶，與中國其他各省所產的迥異，但與印

度大吉嶺茶極近似。中國戰事平定後，時日多暇，雲南一地所產茶葉的特點，如有人能將古代中國茶樹與阿薩密所產茶樹相同的地方和其流傳史跡加以研究，必能有所發明。

紀元後七八〇年，中國有文人名陸羽，受茶商委託，著有茶經一書，可爲世界上第一本宣傳茶葉貿易的記載。降至今日，世界茶葉委員會曾年耗四十萬磅，用作茶葉貿易的宣傳費。

十九世紀初葉，佛教徒 Dengyo Daishi ，曾將茶葉傳入日本。日本天皇命國人於五省中遍植茶樹，產茶極夥，於是日本茶葉，亦逐漸旺盛。

其初，茶僅用作藥物，非屬飲料，自西方游歷人士來至遠東後，世界各國乃視茶爲中日兩國人民所特嗜的飲料。

在歐洲冊籍最初記載茶葉一事者是威尼西亞人 Grambattista Ramusio。波斯人名 Hajji Mahomet 者曾著一書名爲 Navigations et Viaggi 於一五五九年出版。 五六〇年，葡萄牙人 Dr. Gaspar de Cruz 在其翻譯德人 Jan Hugs Van Linschooteu 著作中，也曾有論及茶葉的記載。

至於貿易方面，中國茶葉的運至歐洲，始自一六一〇駛往荷蘭的商船。此第一次華茶輸出，係自澳門出口。一六一八年第一次茶商結隊經陸路到達俄國。十七世紀中葉倫敦市內一咖啡店，保唐姆斯加拉威所開，曾出售中國茶。皮普斯在其有名的日記中，曾述於一六六〇年開始飲茶。一六八一年東印度公司命令其駐在中國的辦事人員收購華茶運英，供給倫敦市場銷售。當時的茶價每磅值十二至十三先令。

十八世紀時，英人曾謂茶葉非特有害健康，且係一時風行惡習。當時反對這種議論者爲約翰衛斯，但最有力者則爲約翰生博士，彼以自己飲茶所發生的興趣，答覆一般人對茶葉的懷疑。

拿破侖戰爭時期，倫敦茶價爲每磅五先令。人以其有利可圖，乃競相販運，故此時私運華茶至英者極多。據估計此一時期，英國所消費的茶葉，三分之二多未經海關納稅而係私運入境。

一八八三年，東印度公司茶葉專利權經國會宣布廢止以後，其自中國運往歐洲的茶葉貿易，就轉入美國商船的手，美商並建造「運茶快船」作大規模的輸運，英國商人爲競爭起見開始修造「運茶快船」。其第一艘名爲（Stornoway）的是一八四九年查爾丁馬泰松公司所造，嗣後逐漸增建，競爭運輸。其運往倫敦華茶的迅速記錄，遠非美商可比，很爲當時一般商人所最注意。

至十九世紀初葉，茶葉貿易經一巨大變化。一八三四年印度總督威廉本丁克爵士發現印度當地可植茶樹，乃成立一茶葉委員會，主持研究移植茶樹方法。布盧斯博士首先在阿薩密省的賽底亞試種茶樹，於是植茶事業逐漸開始。其所用的茶種及種樹技術工人，也多自中國運往。阿薩密省原有其本地產生的茶樹，既如上文所述，而現在最佳的茶樹則係中國茶與阿薩密茶樹的混合種。

十九世紀中葉，一般商人多投資與辦茶葉事業，政府官吏及軍官等也多棄官加入種茶事業。經營開始至爲狂熱，而其結果並未能盡滿人意，其失敗正與以前南洋羣島橡皮事業投資的失敗相似。及第二次茶葉委員會成立後，由該會報告經營狀況時，纔知漸有利潤可獲。此後植茶事業逐漸擴充，獲利愈大，遞嬗相承以迄今日英國在印度錫蘭兩地種茶投資，已超過一萬萬磅。英國經理茶葉事業者有二百萬人，其國庫茶葉一項的稅收，先後總計，也有六萬萬磅之多。

上文所述各項新勢力的興起，對於中國茶葉貿易，已有嚴重的影響。此後又有錫蘭茶葉的競爭，華茶地位，遂不免益趨衰落，錫蘭最初種茶數量不多，至一八七六年時，因咖啡種植完全失敗，政府誘導商家改種茶葉，減少咖啡的生產。自此以後，錫蘭在世界茶葉量中，竟佔僅次於印度的第二位。

爪哇德國僑民及蘇門答臘少數德僑，也多從事種茶事業。其初品質還不甚佳，近幾年來，種植經驗逐漸豐富，所產茶葉，品質極佳，其茶葉工廠已具有現代最新式最優良的設備。

自世界第一次大戰結束後，最近數年來，英屬東非各地產茶亦多。俄國佐基阿省的高加索山，及法屬安南英屬馬來半島一帶，也都有少量產茶區域。

十九世紀末葉，中國茶葉在國際市場上已放棄與印度錫蘭競爭地位。一九三八年中國茶葉出口數字雖漸穩定，且較前稍有增加，但實際中國茶葉，過去時期，可供給全世界百分之百的產量，今日其茶葉貿易的總額，僅佔世界茶葉貿易百分之十二。祇有綠茶在海外貿易方面，尚佔優勢，而日本仍積極企圖霸佔南非及美國的市場。

中國茶葉貿易衰退的原因，癥結很多，除上敘近一二百年來各國茶葉事業的新的競爭趨勢外，尚有其他原因在。

第一、中國茶樹並不種於廣大田域。一般農民，多在窄狹的田土中種植茶樹，同時間且種其他植物。至於外國，多由各大公司動用大量資本，雇用素有訓練的歐洲園藝家及工人從事經營，最近劍橋大學倫敦大學多對茶葉作科學的研究，分析其品類的高下。各產茶國內均有科學設備，從事研究茶葉的製造和培植，化學成分的分析，毒素的研究，以及一切與茶葉事業有關的檢討。其所選定的佳種，留備種植茶樹農人之用。此等機關一半由經營茶葉事業的提倡，一半由所在地政府的資助。各茶葉公司對於所用工人的健康極爲關切。每一公司必有一專任醫生或醫院，對於瘧疾，黑熱病等傳染病症，預防周至，其重視植茶事業，由此可見。

綜上所述，可知歐美方面，大規模的現代茶葉事業，已積有多年研究得來的學理與無限的金融資本爲其後援。而在中國方面，則多因陋就簡。茶農既乏資本以發展其所經營的事業，品質改進，自難預期，而基本知識復多限於父子相傳的舊法，機器生產，尤屬無望。由下列統計數字中，即可知中國茶葉貿易前途的困難。

一九三七年中日戰事尚未影響茶葉生產之前，中國茶葉輸出全年計八九・六三四・〇〇〇磅。依類分之如下表：

紅茶……………………………二五・四九八・〇〇〇磅

綠茶……………………………三三・九五一・〇〇〇磅

磚茶……………………一九・一七一・〇〇〇磅

其他競爭國之輸出數字，則爲：

印度……………………三二七・八四一・〇〇〇磅
錫蘭……………………二一三・七三三・〇〇〇磅
荷屬東印度羣島…………一四七・〇八三・〇〇〇磅
日本……………………五四・一九四・〇〇〇磅

中國農民採茶時期多依當時自然氣候的變化而定。中國舊習初採在四月，除枝底粗葉外，一律採下。俟新葉生後再作二度或三度的採摘。葉的作用在植物生活中，好比人之有肺，茶樹經此一度採摘，非歷四五十日始能再生新葉。至時再經一度全部採取，則樹液無法生出，結果三採或四採，以後卽將茶樹生氣耗盡。他國則初次所採茶葉甚少，至冬季修剪幼枝已完全長出後，始再全部採摘。

茶葉摘下後，須立卽加以焙製。中國產茶山地，交通多不便利，茶葉採後每過三四日始行焙炙。在此時際，茶葉受日光曝曬，色味均變，其原有品質，已受相當的損失。

第二、中國茶葉運銷，過去係經過茶葉經紀人的手再運銷海外，此種方式，實足阻礙茶葉的外銷，因此等經紀人居間買賣，必須加以種種剝削。迨華茶運抵倫敦時，成本提高，已無法再與其他各國由茶葉公司直接運銷的茶葉競爭銷售了。

中國政府對於此項困難，於一九三七年實行改進中國茶葉輸出事業。當年夏季，由國民政府實業部及皖、鄂、湘、贛、浙、閩數省政府倡導組織中國茶葉公司協會任務，一方面在對中國茶葉品質方面有所改進，一方面在設法便利其市場上的運銷。惜未及兩月，戰事爆發，工作備受影響，但時至今日，中國茶葉的對外貿易，確終未停頓。

二　政府對茶業的統制

戰前農村復興委員會及全國經濟委員會農業處什對茶葉振興事業有所規劃設施，如對於茶葉產製技術改進的研討，茶葉海外銷路的調查，以及祁門茶葉改良場的設立等，其用意皆在謀華茶對外貿易的促進。民國十九年上海商品檢驗局舉辦了茶葉出口檢驗，除對取締攙雜提高品質等積極規劃以外，對於調查宣傳工作也曾稍有設施。嗣政府復先後在漢口，福州，廈門設立局處，對出口茶葉爲通盤的輸出檢驗。民國廿二年，上海銀行以商業銀行的地位，首先提倡辦了農村合作貸款，翌年即於祁門組織了茶業合作社，實行貸款給茶農，此後皖贛兩省有紅茶運銷委員會的組織，民國廿六年實業部復有中國茶葉公司的設立。政府及實業家企圖發展茶業，稍見端倪。

自軍興以來，後方各省外受封鎖，內由軍運浩繁，物資流通大爲困難，一般外銷物品，多因運輸不便，積滯內地，不能外運；滬戰後數月，積存漢口的桐油茶葉以及其他外銷物品，爲數甚鉅，市面呆滯疲軟，金融周轉不靈。政府遂於廿六年冬設立了貿易調整委員會，協助運銷，發展對外貿易。

貿易委員會於自滬撤退遷漢辦公時起，即積極協助商人疏運外銷物資，轉粤運港銷售，當時漢口存有茶葉六萬餘箱，皆滯留漢市不能外運。此項茶葉大多向銀行押款，商人皆因茶價跌落，無力贖出，貿易委員會出而扶助茶業。（按當時漢口茶界最感困難的問題，一爲金融上的取贖資金，二爲贖出後的運輸問題，三爲運輸途中的風險問題，四爲因運費增高所顧慮的外銷利潤問題）與中國茶葉公司及漢市茶葉公會訂定合約；一方面向各銀行保證，將茶葉取出交中茶公司整理，改作押滙派車運港，一方面墊付運費半須及保險費每百元四元一角五分，並規定如售價在會方所訂標準價格以下時，會方所墊費用即作爲補助費，不必歸還。如此凡商人方面所感之困難得以解決，而漢口存茶遂得陸續疏運出口。

戰時茶葉管理　談到吾國茶葉貿易的振興問題的人，莫不重視國內茶葉產製技術和市場機構的改進。蓋以往採摘失時，製法簡陋，攙雜作僞，品目繁多等弊，皆爲華茶對外貿易衰落的內在原因，亟須予以糾正的。又在戰事以前，吾國整個茶業經濟重心操諸茶棧和洋行手中，由茶棧貸款內地茶號，再由茶號控制茶販茶農，構成層層節制，重重剝削的市場機構，而造成洋行茶棧剝削茶號，茶號剝削茶販，茶販剝削茶農，茶農無法轉嫁，唯有粗製濫造，以節省工力，剝削茶葉的局面，結果使茶葉品質低下，影響茶業非常之大。且因洋商一手操縱茶葉交易的緣故，如一旦洋商停止交易，中國茶業立將蒙受致命打擊，或竟因之陷於停頓。觀於戰爭初期內地茶業的突現停滯現象，更可確信洋商茶棧對於茶業潛勢力的鉅大了。

緣戰事發生以後，因內地交通不便，洋行及金融家即多所觀望，茶棧因無銀錢業墊款，隨亦停止放款。於是內地茶號無款購茶，山地茶農，有茶難售，整個茶業經濟陷於停頓崩潰的情況，情勢頗爲嚴重。貿易委員會遂與湖南省政府訂立貸款合約，嗣又訂定法令負責統銷，以解決茶葉的外銷，此外又籌集基金，向各省作巨額的貸款，使茶號茶農得以繼續產製。二十七年六月公佈的管理全國茶葉出口貿易辦法大綱，就在此種環境下產生的。

自管理全國茶葉出口貿易辦法公佈以後，以前洋行及茶棧對於茶業界所做的工作，悉由貿易委員會承辦，使內地產製不致因洋行的停貸而中輟，使對外貿易不致因洋行的停購而停頓。茲先將各省所實行的貸款情形略述其梗概於後。

管理全國茶葉出口貿易辦法第八條這樣說：「各省茶廠及合作社需要資金時，得與本會訂立貸款合約，但會方至多負担十分之八，省方至少應負担十分之二」，貿易委員會爲供給各省茶廠及合作社所需的運營資金起見，曾先後與產茶各省訂立合約，給予貸款。二十七年所訂貸款合約總額共九百三十餘萬元，分撥皖贛閩湘四省，二十八年所訂貸款合約總額共一千七百餘萬元，二十九年爲二千三百餘萬元。貸款後，並由貿委會在各省所設的辦事處單獨收購，或與各省分別負責收購。收購費確數，每省約自數百萬元至一千數百萬元不等，綜計收購茶葉的款項，每年常有數千萬元，運輸雜繳等費尚未計算在內。此外根據各省合約規定，所有各省茶葉管理處的經費少則數萬，多則十餘萬，或由會省各半負担，或由本會負担全數，此外又有研究試驗費，各省亦自數萬至十餘萬不等，均由本會負担，總計管理研究兩項費用，每年亦達一百五十萬元左右。三年來有此一萬萬餘元貸款及收購資金散佈各省，四百萬元管理及研究經費提倡產製，對刺激生產。與改進製造技術兩者收效極多。蓋在與各省所訂合約中，對於如何貸款，如何改良製造，如何獎勵合作社，如何保障茶農及茶商利益，如何改進茶廠設備等項都有詳細的規定，使各省於辦理貸款獎勵生產的辰光，即注意產製技術上及組織上的改良，以謀劃一標準，提高品質，並積極革除數十年來輾轉剝削，病農害商的積弊。凡此種種，經三年來，各省的督促經營　都已收有成效。戰爭以來各省茶業的能脫離洋商羈絆，而蓬勃繁榮，未曾陷於戰時的蕭條狀況下，完全此故。

戰時茶產的維護　管理全國茶業其主要目標有二，一維護生產，保障農商利益，一在促進外銷，維持海外市場。關於維護生產方面，除上述的貸款及疏運以外，提高毛茶山價，亦爲其重要工作。蓋貸款可以獎勵生產，疏運可以活潑市方，但如收價過低，茶農利益微薄，則非但生產未能大增，有時且反有減縮的可慮。貿易委員會曾於廿八廿九兩年一再將各省毛茶標準中心山價提高公布，切實施行，並數度提價收購箱茶，廿八九兩年各省產茶的得以增加，此即是一大原因。

二十七年上半年貿易委員會在漢調整茶業，注力於存茶的疏運，二十七年下半年管理全國茶葉辦法公布時茶季已過。貿易委員會所進行的爲與各省簽訂合約和指導各省設立茶葉管理機構等工作。至二十八年春，茶葉登場以前，貿易委員會爲刺激各省增產毛茶起見，訂定二十八年各省毛茶山價表公布施行，二十八年所訂各省毛茶標準中心山價，大概皆較二十七年提高十分之二至五。二十九年茶季開始前，貿易委員會又分派茶業專家赴浙閩皖湘鄂等省洽定毛茶山價，經調查各地茶葉生產成本與各省茶葉管理當局交換意見後，分別訂立二十九年各省毛茶標準中心山價表，比較二十八年又各提高百分之四五十乃至一百以上。鼓勵各省茶農採製毛茶，這爲一大助力。茲將二十八、

二十九兩年所訂各省毛茶標準中心山價表錄下：（單位每市担）

省別	茶類	廿八年規定山價	廿九年規定山價	廿九年較廿八年增加百分數
安徽	屯綠	四四・〇〇元	六〇・〇〇	三六・四
	祁紅	三〇・〇〇	五〇・〇〇	六六・七
浙江	遂淳	二七・二〇	五五・〇〇	一〇二・二
	平水	二四・六五	五五・〇〇	一二三・一
	溫紅溫綠	二三・七〇	四六・〇〇	九四・一
江西	婺綠	三六・〇〇	六〇・八四	六九・〇
	甯紅	二五・〇〇	三五・七五	四三・〇
	河紅	二六・〇〇	三七・一八	四三・〇
	五綠	三〇・〇〇	五〇・七〇	六九・〇
	浮紅	三一・〇〇	四四・三三	四三・〇
	五紅	二五・〇〇	三五・七五	四三・〇
	上饒綠	三〇・〇〇	五〇・七〇	六九・〇

又閩省茶葉種類繁多，貿易委員會所訂廿八年閩省毛茶山價僅以工夫茶爲主，其他綠白青茶未曾詳予列入。廿九年除工夫茶以外，凡白毫，綠茶以及外銷青茶都定有毛茶標準中心山價，一律比照廿八年的價格酌量提高百分之六七十。其中心標準山價表如左：

閩省毛茶標準中心山價表（每市担）

七二

茶類	廿八年規定價	廿九年規定價	廿九年比廿八年增加百分數
福安工夫	二〇・〇〇元	三四・〇〇	七〇
甯德工夫	二〇・〇〇	三六・〇〇	八〇
壽甯工夫	二〇・〇〇	三六・〇〇	八〇
屏南沙縣福清工夫	二〇・〇〇	三二・〇〇	六〇
政和，松溪，工夫	二五・〇〇	四二・〇〇	六八
崇安，邵武，工夫	三五・〇〇	五二・〇〇	四九
福鼎紅茶標	二二・五〇	三八・〇〇	六八
福安福鼎甯德綠茶	一八・七五	三二・〇〇	七一
崇安 邵武小種	四七・五〇	五八・〇〇	二二
福鼎白毫		二八〇・〇〇	
政和白毫		一六〇・〇〇	
建甌烏龍		四五・〇〇	
水吉烏龍		三五・〇〇	
建甌水仙		五〇・〇〇	
武夷半岩水仙		六五・〇〇	
水吉水仙		四〇・〇〇	
赤石蓮心		五五・〇〇	

福鼎蓮心	六五・〇〇
水吉蓮心	三五・〇〇
福鼎白毛猴	六五・〇〇
政和白毛猴	五五・〇〇
閩北白牡丹	七〇・〇〇
閩北壽眉	四〇・〇〇
閩北龍鬚	五五・〇〇

自毛茶山價經貿易委員會訂定後，各省茶商於收購毛茶時，都須依此標準中心價格酌量收購，不得故意抑低。同時貿易委員會在各省收購箱茶，亦隨着提高收價，務使農商利益，兩獲保全。戰時全國茶業所以仍能保持繁榮狀態的緣故，提高毛茶山價，有以致之。

戰時茶銷的促進　茶葉外銷向由洋商經手，本國商家不啻爲洋商的附屬機構，替其收購茶葉裝製成箱運滬交貨而已，凡茶葉到滬後的出口推銷，華商絕少參與，因之華茶國外銷路如何，何國可以發展，何項茶葉可以暢銷，何處售價最高，何處嗜習最深，何者應予改良，何者應籌對付，吾華商因缺少直接接觸，而多昧於實際，致一切惟有聽從洋商操縱，受其掣肘而已。貿易委員會遇利用統銷機會，樹立直接外銷基礎，使茶葉對外貿易，另創一獨立自主的新局面。

上海本爲茶葉外銷中心市場，各省所產茶葉大多直接間接運至上海，由中間商茶棧的介紹，售交洋行裝運出口。自上海淪陷後，貿易委員會放棄上海，將茶市遷至香港，使香港成爲戰後茶葉貿易重心，各省茶葉薈集港市，或供易貨，或逕外銷，交易繁忙。當時貿易委員會在港設有富華公司，下設茶葉課，及各省茶葉系，分別辦理到港茶葉的處理銷售事宜。查廿七廿八兩年茶葉抵港數量，依海關發表的統計數字言，廿五年全國茶葉出口中運港數只有五萬餘市擔值一百六十餘萬元，約佔全國茶葉總輸出額的五·五%，廿六年運港之數只八萬餘市担，值二百七十萬元，約佔茶葉總輸出額之九%。迨政府統銷茶葉，運港集中以後，廿七年華茶抵港者增至四十八萬市担，值一千七百六十餘萬元，佔全國茶葉總輸出額的五三%。二十八年二十九年更增至六〇%及六七%，較廿五、廿六年各增五〇——六〇%之多，試觀下表：

我國茶葉港銷統計(量：市担；值：國幣元)

年別	(1)全國茶葉出口 量	(1)全國茶葉出口 值	(2)運港總數 量	(2)運港總數 值	(2)對(1)之%(價值)
二十五年	745 686	30,661,711	58,986	1,669,479	5.45%
二十六年	813 144	30,787,274	83,410	2,777,392	9.22%
二十七年	832,492	33,054,085	478,198	17,672,659	53.47%
二十八年	451,156	30,385,831	236,482	18,190 761	59.96%
二十九年一至六月	495,468	71,815,235	388,786	48,789,613	67.93%

貿易委員會直接推銷茶葉的辦法中，最重要部份是易貨制度的推行。按易貨制度係依合約方式和友邦商定銷茶數值，而後依約繳茶，這種制度第一可維持固有市塲，第二可控制長期的需要，第三能藉此對抗第三國的競爭，第四可以計劃國內茶葉的產製數量和花色，在政治及外交上，尤可以之作爲一種互惠互助的手段，吾國對俄易貨合約，即以茶葉爲主要貨物。二十七、二十八兩年對蘇易貨茶葉輸出數額，都甚巨大，易貨制度在對外推銷上的重要性，以及茶葉在易貨制度中的重要性，於此可見。

在貿易委員會推進直接外銷時，尤有一點對於茶葉改進有極大關係的，爲各種原有陋規的廢除。按貿易委員會在漢口調整存茶及二十七年公布管理全國茶葉辦法以前，其間曾一度採行標價收購自運外銷辦法，先後在漢標購茶葉數次，共購進二萬七千餘箱，收購時所有一切吃磅，扣佣，補箱，茶樓磅費等陋規約佔茶價百分之十三以上概予廢除，其後貿易委員會在各省配購茶葉，所有一切陋規，亦皆一概免除。又上海茶棧原有陋規頗多，如重利轉放，延付貨款，徇私扯盤，扣除樣箱，中飽棧租，以及貶價抑賣等，在港交易，亦一概實行革除。

政府統制後效果 自政府實行統銷茶葉以來，因普遍貸放茶款，同時又統制外銷，貿易好轉。

最近六年華茶輸出量值統計表(重量：市担；價值：國幣元)

年份	量值	茶類 紅茶	綠茶	磚茶	其他	合計
二十四年	重量	209,504	308,016	197,210	48,078	762,808
	價值	7,854,170	18,045,507	2.799,825	924,682	29,624,184
二十五年	重量	192,060	311,862	183,734	58,030	745,686
	價值	7,968,396	19,192,267	2,353,774	1.147,274	30 661,711
二十六年	重量	231,316	307,996	191,514	82,318	813 144
	價值	10,085,558.	16,422,669	2,539,200	1,739,847	30,787,274
二十七年	重量	217,804	462,292	63,458	88,938	832,492
	價值	8,808,728	21,598,431	955,632	1,691,240	33,054,085
二十八年	重量	103,290	278,250	4,178	65,138	451,156
	價值	9 043,507	19,762,234	91,724	1,488,366	30,385,831
廿九年一月至六月	重量	98,106	367,228	14,604	15,530	495,468
	價值	13,373,699	56,457,631	852,412	1,131,493	71,815,235

七五

三　中國茶葉公司的機構

中國茶葉公司成立於民國廿六年五月，原爲半官營業，受工商部（今之經濟部）的監督。一方面繼續沿海各省的華茶出口，一方面建設新茶產區於西南以防意外。

實則內地的茶產，本非完全新企圖，數百年前華茶卽由西藏輸入歐洲。雲南，四川，及西藏曾有一時爲茶業的中心，滇省西南的六大茶山曾產十萬担以上的茶葉，普洱茶尤爲著名。宋元之際四川全省四分之三爲產茶區，嗣後逐漸衰敗，至清代而淩夷。今日茶樹的再植於西南，說他是舊業的復興，亦無不可。

公司既奉令進行，乃派專家多人，考察西南各省的實況，據各專家的報告，土壤氣候，非常合宜，公司乃開始實施計劃。

由中央及各地方政府的合作，公司在滇川黔三省次第設立茶葉製造廠於產區。滇省的順甯，佛海及宜良三廠，均已開工。順甯縣的茶廠於去春完成，廠長爲本省留美財政家苗允秦氏。大半工人均自淪陷區內產茶地方募來，僅川資一項，已費十萬元之譜。順甯出產的綠茶，曾經多次試驗，可與馳名的六安茶相頡頏。至於紅茶尚未能與世界聞名的祁門並駕齊驅，惟各專家正在研究改良種植及製造之方法，同時大批本地工人亦正在接受大宗科學製茶手續的訓練。順甯茶廠的產量，暫定爲每日紅茶五千箱，其他兩廠，亦均在專家監督之下加緊工作。

在川省的灌縣，公司亦已建設一個模範茶廠，此廠爲改進川省茶產的第一步。川省旣接近西康，可由該省獲取不斷的茶業以供其製造之用。

經濟部的國立農業研究所，與公司合設一模範茶區於黔省，前者担任該區的管理，而後者担任技術上及推銷上諸問題。各地的種茶工人訓練班，已幾度開辦。湄潭縣的新建茶廠，正在製造綠茶，大部爲國內之需。如試驗結果美滿，將再製造紅茶以供出口之用。

政府爲統制全國茶業起見，近將中國茶業公司改組爲國營事業。其資本亦由二百萬元增至一千萬元。該公司原以最新科學方法改良中國茶業爲目的，自成立以來，三年之中，在困難情形之下，對於國內國外茶業的推廣，已有相當成績。今再由政府賦以廣泛的權力，則將來的發展，必更普遍而迅速。

（一）技術的進步　自中國茶業有史以來，製造方法的統一標準化，此爲第一次。此事的成功，乃公司謹愼辦理的結果。凡各產茶區內的試驗場及工廠，如安徽的祁門，江西的修水，湖南的安化，四川的灌縣，雲南的順甯等，其種植及製造方法，全用最新式的設備，此乃普通茶葉公司所不能及的優點。前印度阿撒木茶區的著名英國專家魏哈木氏 P. W. Witham 現任公司技術顧問，厥功甚偉。近又與復旦大學商妥增設茶葉研究特別系，敎授茶葉各門的課程。

（二）推銷的便利　公司的推銷網，遍佈全國及海外，倫敦，紐約，西加角，舊金山，香港皆有分行及經理處。香港已成中國茶葉的中心，出口茶葉百分之七十，皆先運至香港而後分利轉運至外洋。公司在世界各銷茶國雖直接貿易，但始終與國內外茶商行保持最佳的合作。目下因交通的受阻及海口的封鎖，中國茶業不無相當困難。

四　內地茶產的開發：四川，雲南，貴州，福建

四川南部　南川夙以產美茶著，牠產量就該縣縣誌載：「旺年出五千包，滯年二千包」似此，平均每年可產三．五〇〇包，每包計市秤七一．四斤，則三．五〇〇包卽合爲二四九．九〇〇斤。按照生茶四斤製造乾茶一斤之比例計算，則年產生茶量爲九九九．六〇〇斤。惟一般茶農在產製方面，墨守成規，不知改進，且素視製茶做副業，鮮加注意，雖間有一二外商，不時出沒於產茶地點，約製紅綠二茶；然彼輩志在求個人利潤，且數量有限，和改良栽培採摘及農民生計，固絲毫不關。

南川山嶺重疊，氣候溫和，無酷暑嚴寒，天然環境，宜於植茶。近年以來，國際茶業市場，被日，印侵奪殆盡

，而南川茶產，亦以調製不得其法，品質不能提高，遂亦同陷於衰落。戰事以來，政府注意茶葉的外銷，於是我國茶業，開始整理；而南川茶業，對於荒蕪茶園，已多有了經營；惟其產製技術，則還是落後。玆就南川茶葉產製的實際情况，略述於次：

（一）栽培

南川茶產，有家茶與老茵茶二種：前者係叢生灌木，葉細嫩，味醇馥而清冽，邑產四路俱蕃，尤以東路溪溝爲最多，北路雙河塲九盤坎爲最美；後者係高大喬木，葉頗似桂，味較淡，有清香，價值極廉。惟老茵茶品質，雖遠不及家茶，而因價值較低，最爲平民所樂用。

南川茶農於園地之選擇，多不注意，率於屋側空地，山坡或田塍等處，錯雜栽植，疏密無定，且無行列可言。土質地勢，既乏考慮，灌溉防風，亦不講究。其環境優美，栽培合法者，殊不多見。

山地栽培的茶，其品質較優於平原膏腴所產，所以皖之黃山，浙之天目，閩之武彝，都以產美茶著稱。蓋茶性嗜高山，以其多霧露，少蒸發，而宜於孕育嫩葉。南川茶品質優美之雙河塲，九盤坎，亦皆高山峻巔；然境內最宜植茶的金佛山高原，則又反鮮栽植。

茶的繁殖，在南川普通採用實生法。秋間收集種籽，翌春直播，但亦有於茶樹根際，尋覓自然發育的幼苗移植者。一般栽植的方式，有叢播點播之分：叢播茶株，發育力較弱；然枝葉繁茂，利於採摘；且枝葉彼此相互掩蔽，可多誘發嫩葉；點播茶株，主幹發育較旺；但枝葉較稀。二者各有利弊，目下多用叢播，以資折衷。大至於瘠瘦。潮濕黏重之地，或生育支離的品種，宜點播以促進其生長；於肥沃，乾爽輕鬆之地，或生育强盛的品種，則定叢播以抑制其生長。而叢播於陽光通風剪定及病蟲害之防除各項，逼不如點播之處置適宜；然點播之產量，又遠不及叢播的多，故上項栽培方式，應按其栽培環境如何而定。但無論叢播與點播，其株行間應有一定之距離，免生疏密不均的病，則爲最重要之原則。

南川一般茶農，對於茶樹之中耕除草，多不實施，春夏採摘頻繁，根際土壤，多被踹踏堅實。在茶園間雜植之處，勤於耕耘的，雜草尚少爲害，但根際仍所不免。山坡茶園，則雜草叢生，採摘時雖略予芟除，其後則在其自然。亢旱時期，農民忙於搶救水稻，不能顧及茶樹，施以灌溉，霪雨時期；其山地土性疏鬆者，排水尙易；其低濕或粘重土壤，則排水艱難，又無補救之方。

剪定亦未施行，茶樹枝葉發育，完全放任，致多成半野生狀態。如下部發生直立脚枝，中部發生徒長枝，懷部發生纖枝，雜以採摘時遺留之枝梗老葉，紛亂堆陳，健全枝葉，每受其妨礙押制。萌發嫩芽，亦以枝條强弱異勢，因而優劣遲早不一。且養分不集中，嫩葉孕育，散漫失調，產量品質，無形減低。而茶農又僅知及時採摘，對於枝條配備，樹型整飭，嫩葉孕育，始終茫然不計。

南川茶農對茶樹施肥者最少，卽施肥，亦祇限於主要作物的餘澤。所施肥料，爲人畜糞尿，春夏行之，冬季甚肥，照例從略。至價昂而成分濃厚的肥料，如油餅、骨粉、草木灰等，則絕少施用，故茶樹類多羸弱枯槁。

南川茶樹，管理旣屬粗放，營養又復不足，枝葉發育，自失健全；因之蟲病相侵，而又不知防治。蟲害之主要者：有紅蜘蛛、草蚊、綠蠅、茶蛄蟖等；病害之主要者：則有葉枯病，絲菌病，地衣等，尤以地衣爲害最烈，寄生其上，卽使樹勢頓形衰弱象現，轉卽枯萎，幾無一倖免者。但健全茶樹，則不受其害。農民對於此類問題，絕不注意，一味委諸天命；殊不知樹勢羸弱，生機衰退，新葉萌發，大受牽制，絕不容忽視也。

茶園分佈　南川茶園分佈至廣，縣誌載稱：邑產四路俱蕃，東路以半河，大館子爲中心，包括產區爲水江石，半溪溝、蕭家溝、石馬壩、西陽關、帽子山、黃草坪、茶沙壩、石牛灣、陳家溝、金家壩等是。其中產量以半溪溝爲最多。北路品質最美，以雙河塲爲中心，產區包括九盤坎、茶土坎、倉頭壩，叢林、楠木園、楊柳壩、茶店埡、鍋廠溝、謝壩等是。南路以南平鎭爲中心，貿量均遜，包括產區爲鵝母岩、叢林等是。其他星散於各地的，多屬零星栽植，產額旣甚，採製技術更形落後。

(二)採摘

南川茶農於新葉萌發之時，即着手採摘，每年續行四次。以採摘期之前後，分頭茶、二茶、三茶、穀花茶四種。頭茶約在四五月間，量多質美，爲時頗長；二茶約在五六月間，品質亦佳，惟量較少，爲時亦短；三茶行於六七月間，產量雖多，味極淡薄，穀花茶續行於三茶之後，產量微小，但品質轉佳。頭茶葉質緻密，顏色鮮豔，含茶素多，冲泡茶汁，色香味俱美。二茶以天時漸暖，嫩葉萌發較速，葉質較薄，色香味均較遜色。三茶適值炎夏。嫩葉陡長，葉肉虛薄，含茶素少，而含單甯較多，色香味俱劣。故製茶者，多重視頭二茶，而於三茶，視爲無足輕重。

調製細茶，自以淺摘，即一芽一葉或一芽二葉爲宜。一般多喜深摘至五六葉，以求增重分量者，有時因值農忙，偶爾躭誤，致新梢暴長，因而減低品質者。又摘法多隨意指斷，或連帶拔掣，不留側芽，新葉萌發，便須另覓機會，生機喪失不少。

老枝側生之細梢，葉極短小，俗稱馬蹄葉，枯瘦枝萌發之新葉，多無嫩芽，俗稱打掛葉。二者品質均極低劣；但茶農不忍棄除，每多混入好葉中調製。

頭二茶採摘，正當農忙時節，採摘工作，多委諸婦孺，而婦孺又因瑣事多端，未能全力貫注。軍興以後，農村勞力，尤爲缺乏，故多不及按時採摘。迨農忙過去，三茶又至；而三茶品質低下，不宜調製上等佳品，故採摘在目前頗成問題，當應設法改良。蓋採摘失時，影響茶質；採摘不得法，影響新葉萌發與茶樹本身健康。

(三)茶葉的製造

鮮葉加工，經炒青揉捻及乾燥等步驟，製成之毛茶，謂之粗製。毛茶復行加工，經篩分揀剔等步驟，以分別粗細優劣，而成精茶，謂之精製。就南川過去一般情形而言，粗製由茶農自行担任，精製則由茶商担任。

炒青　生葉經攤晾除去表面水分後，即行下鍋炒青，其地點設備，普通多係廚房炊具，鍋灶既嫌污穢，火力尤不講求，炒青程度，全憑已往低劣經驗，毫無標準；故成品多焦黑暗澹，附着污穢，泡出茶汁，色澤渾濁，味帶苦澀。

揉捻　以已炒青之茶，兩手合抱，略加揉捻，俟葉片收縮，卽算了事，以致成品外觀無整飭形態；而開湯時茶汁又難於散放。

乾燥　揉好後卽須使其乾燥，以防發酵，影響色味，茶農爲節省經費起見，不行火烘，而用日晒，天晴一二小時，便可完全乾燥；陰雨則無從着手；晴雨迭更，則屢晒屢止，品質變劣。成品每年以此損失者，爲數至大。

篩揀　以毛茶經篩分揀別，整飭體形，分別等級，再行補火，包裝，運銷等問題，則爲茶商負責担任，已如上述。農商對於篩揀工作，除極小數之細茶，如毛尖白毫外，類皆草率從事；故成品梗葉雜陳，顏色混雜，減色不小。

(四)金佛茶葉公司的組織

公司由渝方利華公司和當地金佛山墾區合資經營。茶廠管理，也由雙方負責，卽技術員工由利華負責聘雇；製造督責及人事管理。則由墾區任之，並負責辦理總務會計。本年暫設三廠，廠與廠平行對立，內外諸務，則由廠務主任負責辦理；但仍由南川經理承總經理之命，總攬其成。四月十五日，南川經理劉雨若以病請假，墾區理事長李璜與該公司總經理張澍霖共商，改派譚滌担任南川經理一廠，繼續製造。玆將該公司組織系統，表示列左，但對組織還沒有十分地健全。

金佛茶葉股份有限公司組織系統表

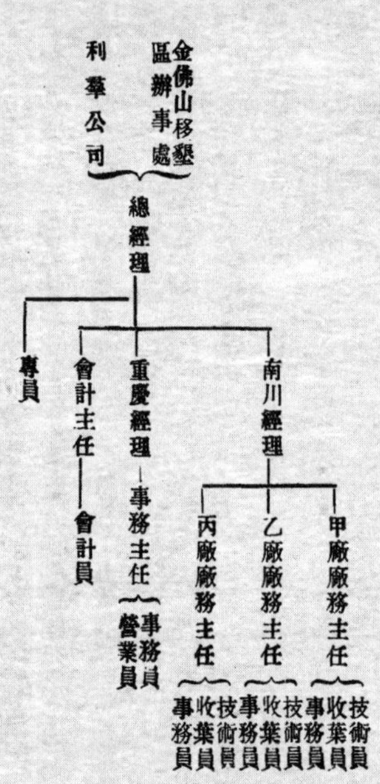

該公司各廠普通職工任用，多係臨時湊集，未能按照能力興趣，支配相當工作。像省貨掌秤的，忠實耐勞；但頭腦不甚清楚，每於茶農搶賣之際，手忙脚亂，發生小小錯誤，影響成品品質，蕭家溝廠多此種現象。技工製茶技能，相當熟練，且能耐勞；但以態度欠佳，無管理及指揮工人的能力。至工人的雇用，以當時境況特殊，男工多爲各方友人介紹，來則收留，女工也無暇深加選擇，僅填具保證書，即行入廠，而其他各勤謹耐勞等等，暫不計及。

製茶用料消耗最多的，首推木炭，次及木柴；而與茶質有關的，則惟木炭，採辦人不僅應注意他價值，即於質量也應估計考究，蓋量少不敷使用，過多又不經濟。估計標準，製紅茶一斤，約需木炭一斤，綠茶一斤，約需木炭十兩，照此數推計，即可求其大概。至品質則應力求燒透，全無異味。該公司各廠柴炭，多係預定；但以採辦者辦事不力，定戶不守成約，未能如期送繳；甚至借故短少。

茶葉包裝，關係運輸最好用木箱。普通多用皮簍，即篾簍內層糊以皮紙，該公司各廠今年出品，悉定內銷，銷場重慶，距離不遠，包裝用料，採用皮簍，於包裝之前，再加襯草紙一層，用以防止受潮及發散香氣。惟皮簍用夏竹製成的，多生蛀虫，蛀蝕成白粉末，影響成品外表，減低價值。

生葉爲製茶主要原料，關係茶質優劣，故極重要。該公司各廠對於生葉供給，原用茶販收買，每百斤酌予二元半至三元半之手續費。後以投機茶號林立，茶價飛漲，土茶價每斤由八角漲至五元，茶販從中居奇操縱，以致頭茶慘敗，幾至停頓，後於二茶未上市前，毅然決然取締茶販制度，改派員工外出收買，常代茶農採摘，最受茶農歡迎。若輩於試行之初，朝出夕歸，樂此不倦，收效不少，其法卽於各廠之三十里內外，選擇相當地點，設站數處，每站專派一人在附近收集，再由流動工人循序運歸，於看樣收貨，頗爲精細，有時連日天雨或逢戊日（南川舊俗戊不動土）生茶陡長，茶農直接搶送，爭先恐後，極形擁擠，使看貨者眼花手亂，發生錯誤。

公司的會計管理，採用新式會計，牠重要簿據，爲日記賬和總賬。前者按日期爲原始記錄，記載每日一切支付，後者爲分類賬，按賬款性質，逐一由日記賬中分別過入。此外復另設補助賬，記載各項成本的情形，以補上二者的不足。負責管理的凡二人，一司出納，一司會計。

雲南茶業的改進　茶爲我國主要的產品，每年運銷國外，數額頗多其達出口量最高額的民十八年，據海關統計，爲四一•二五二•四二八關平兩，次年雖暫減低至二六•二三八•九二三關平兩。然以後每年仍漸有所增加，出口額年約在國幣二千萬元以上，對國家經濟影響重大。

戰後因戰區產物斷絕，政府積極鼓勵農民增產，並成立「對外貿易委員會統制及促進生產運輸。以此華茶外銷，漸益茂暢。據中國茶葉公司某英籍顧問的統計，去歲出口總額，已達近五年來的最高點，總數九一•七六七•〇〇磅，較民二十六年增加二•一三三•〇〇〇磅，較前二十五年則增加九•五六九•〇〇〇磅，去年之紅茶出口額爲二四•〇〇〇•〇〇〇磅，綠茶出口額約近六〇•〇〇〇•〇〇〇磅，其他雜茶，爲數也多，祇國外貿易委員會和富華公司統辦收集的茶葉，已達八十萬箱，除以半數供給國內食用外，餘二十六萬四千箱，盡運國外，交換戰具及建築材料，而運往蘇聯，紅綠磚茶，爲數亦鉅，乃至由民二十六年國幣三〇•七八七•二七四元的出口額，驟增至去歲的三三•〇五四•〇八五元。

本年華茶出口，據港方五月份的統計，運港的爲四六〇•一三六磅，約合三•一五〇担，價值一一八•六六七元，連同正月份至四月份運來了的總共約八五•九一〇担，總值三•九三二•八三八元，至於五月份經港出口的，計共二二六•四四五担，約合一六•六二三擔，總值一•三七五•五八四元，連同正月份至四月份出口的共值一一•〇〇七•四六四元，其中運往蘇聯佔百分之二，然這種數目，尚因現時一般茶近正在忙於焙製新茶，及汕頭的淪陷所波及而短少。

邇來政府爲充實外匯起見，更在川、滇、桂、康、黔西南各省開拓新茶，增加產量，並由各銀行積極的辦理茶農茶商貸款。刻中國農民，交通等銀行，和各省銀行及地方銀行合作，暫定貸款國幣二千萬元，扶助發展現內地製茶工廠，並且備有種種製茶的新機械，如發動機，揉捻機，解塊機，篩分機……等，作機械製茶的試驗，雲南各銀行亦組織茶業貸款團，其後各方復組織雲南中國茶業公司與茶業改進委員會通過改進滇茶方案，並舉辦茶業技術訓練極力，輔助浙省茶業的改進和發展，刻公司已於今年元旦起，派遣專員鄭鶴春，技師馮紹裘兩人，赴順甯一帶調查焙製，認爲品質甚佳，頗有大量培植的可能，公司佛海廠廠長范和鈞，亦於月前由仰光抵佛海，即日着手試驗，雖係夏茶，而成績優良，其紅茶的品質氣味，較祁門出產者實過之無不及，一俟焙爐機件裝置完竣，即可出品。

貴州的茶業 貴州向來有「山國」的稱呼，而茶固屬適宜於山地栽培的作物。試看我國著名產茶的各區域，如安徽的黃山，浙江的天目，福建的邑彝，四川的名山以及湖北的羊樓洞等，均在拔海一二千公尺以上的山崇地帶。雖然，貴州茶葉的產量不多，但產區則甚普遍，根據三年前的調查統計，該省八十一縣中間，產茶者佔其大半，而以石阡產量冠於全省。該縣年產二十餘萬斤，南經鎮遠達湖南，北由烏江出四川，爲貴州茶葉主要出口貨的一縣，其他如鎮遠，都匀，安順，甕安，平越，貴定等縣，亦有豐富出產。又據中央農業實驗所湄潭實驗茶場最近零星調查與估計，黔省各縣無不產茶，每年之產量至少當在八千市擔左右，其中出產量多者，則有安順——年產約一千七百餘市担，湄潭——年產約七百餘市担，石阡——年產約六百餘市担，都勻——年產約四百餘市担。其餘各縣，多者數百担，少者數十担，至於其他詳細調查的數字，現由湄潭茶場在整理中。

因爲貴州茶葉的產量有限，產區分散，及交通限制種種關係，過去銷售的情形，除各縣自給外，大都是分區集中一市場，如黔西一帶皆集中於貴陽，黔北多集中遵義，黔南集中都勻，黔東則集中於鎭遠，其中也有輸出外省的，如石阡的茶，在過去曾東出湖南至常漢，北入四川下涪州，銷售於川東各縣。其後則因種種關係，勢趨梗塞，惟因貴州茶葉以土法製造的不良，難與外省茶葉競爭，亦其一因。

戰事以還，黔省以地居後方，且公路交通可以四達各省，外省人士相率來歸，因彼等的嗜好不同，外省精製茶葉，遂乘機大量輸入，故今日各大城市比較中產以上的人家，多喜飲用外來茶葉，即大受其影響，黔茶因本身產量不足關係對於本地市場尙少影響，故自戰事以來，茶葉價格年有增漲，即以中央農業實驗茶場所在地的湄潭而論，二十八年茶價每斤最高者僅五六角，最低者不過一二角，二十九年新茶上市時，即售一元五六角，其後更售至二元一斤。本年新茶尙未上市，但以目前之物價推測當較過去各年爲高，此可預料者，蓋黔茶之消費，原距飽和程度甚遠，戰事以後，都市金融，大量流入農村，刺激一般人民提高消費能力，因之茶葉銷路，反較戰前爲佳，此非爲偶然之事實。

黔茶品質的優良者，如貴定的雲霧茶，石阡的坪山茶，安順的竹葉青以及都勻的團山茶者，均曾膾炙人口而爲全國人士所推重。各該茶區的情況。據湄潭實驗茶場李聯標考察所得云：「黔茶特點，較諸各有茶區各有優良之處，不過茶產深山中，因受霧露滋潤，茶芽常得保持柔軟狀態，且多製造得法，遂爲人所推重」。因覺貴州茶葉的改良，並不困難，但其主要之前提，爲交通條件。又據中央農業實驗所在湄潭試製外銷紅綠茶結果，「紅茶之色澤香氣，可與安徽祁江紅媲美，惟葉底略黯，蓋由醱酵不良，是其缺點。綠茶的形狀色澤，均臻上乘，其水色滋味，更不亞於徽州屯溪的綠茶」。該省有此類的茶品，以作內外銷，均無問題，現該場正對紅茶的醱酵問題，研究改良，倘能如願以償，則貴州茶葉的出路，必可一日千里。

貴州茶葉的品質，並不亞於他省，其過去產銷所以受有限制者，係因地理上關係，製造不得其法之故。今後倘能採用科學方法經營，減輕成本，改良製造，將來必可以爲該省平衡省際收支的一重要物產品。目前担負着茶業前途所使命的，有中央農業實驗所，不斷的在湄潭努力前進，且已有年餘的成績。

福建茶葉的管理　茶爲閩省最大特產，曾居全省出口貨物的首位，政府爲指導茶農茶商改良製售，使該省茶業發展，從而提高出口貿易起見，特制定茶業管理規則。該規則規定該省茶葉，都須經省政府建設廳茶業管理局檢驗，除特種內外銷茶件呈經中央貿易機關及福建省政府核准，並經茶管局登記檢驗發給證明書者，准予自行銷售外，其餘均應交由茶管局轉送中央貿易機關統購，至茶商栽製茶葉，應一律接受茶管局所派指導人員的指導，其所製售的毛茶，不得攙雜作僞，違者得拒絕收買，並將茶件扣留送請茶管局或其辦事處檢定處罰。毛茶價格得由茶管局斟酌產茶成本及市場供求情形，於茶市前一月，規定最低額，公布週知，買賣雙方均應遵守，如酌定價格低於規定價格者，一律無效。茶商營業，須向茶管局申請登記核准發給營業許可證，並須依照下列各款的規定，從事收購毛茶。（一）攜帶營業許可證，並填寫毛茶證，給予茶農。（二）塡寫毛茶證應詳細確實，並不得將毛茶證借讓他人使用。（三）不得以高利貸款茶農，或私訂收買毛茶特約。（四）收購毛茶，應照規定價格，並須得賣主的同意，不得攔路强買，或欺騙茶農情事。（五）收購毛茶，應用市秤，照實重給價，不得有扣樣短折及拖欠情事。凡經發給營業許可證的茶商，因製造精茶，或週轉不靈時，得向茶管局申請信用貸款，或抵押貸款，但所借貸款，除轉貸茶農外茶不得移作別用，違者一經查覺，除追還貸款本息外，並得取銷其營業許可證，及處以貸款額十分之一以下的違約金。其貸款契約，附有製造精茶箱額條件者，如有短造，除因特殊情形，呈經茶管局核准者外，短製精茶箱額滿十分之一的，處以貸款額百分之一以下的違約金，滿十分之二者，處以百分之二以下的違約金，滿十分之三者，處以百分之四以下的違約金，並得取銷其營業許可證。各項貸款到期不能清償者，除依約追償外，並得取銷其營業許可證。茶商運茶到埠時，均應詳實塡具到埠報告單，報請茶管局派人檢驗後，囤入茶管局指定的倉庫或堆棧，至運輸到埠的茶件，除毛茶經驗關後，得由茶商先行提取薰製，再行入庫外，其餘茶件，須報請茶管局扦樣過磅評價，提運中央貿易機關收購，惟特種內外銷茶件裝運出口時，非得茶管局的證明書，不准起運，其在本省境內運銷的，應取得茶管局或其辦事處的證明書，如所在地上述機關時，須向當地商會或縣政府，特種區署取具證明書，但經過茶管局或其辦事處所在地時，應卽報請查驗，並換發證明書。茶管局如遇有下開情事之一者，得拒絕代爲運銷，及發給證明書，(一)茶件之包裝，及印刷嘜頭事項，違反茶管局之規定者，(二)攙雜僞茶及劣茶，經檢定不合格者，(三)將精茶染着滑石，烏烟，或其他不合檢驗規定之色素者，出口或轉口茶件之裝運，由茶管局負責辦理，所需費用，由茶管局墊付，俟茶款收囘時扣算。特種內外銷茶件的裝運，由茶商自行辦理，但因特殊情形無法裝運時，得委託茶管局代辦，所需費用，概歸茶商負担。此外該規則規定茶農，茶商違反該規則的各種處罰，及所處罰鍰與沒收茶件拍賣所得之價金的處置方法，不克全錄。

第三編　華茶的對外貿易與當前地位

一　最近五年來對外貿易概述

中日戰事爆發，華茶的產銷相當衰落。但一方面因國外需求的殷切如故，一方面因政府的獎勵和協助，華茶的輸出，大致尙屬樂觀。其中紅茶及綠茶的輸出，無論從數量上和價值上觀察，皆有逐日加增的趨勢，惟磚茶輸出衰落的程度則很爲劇烈。

中國紅茶的輸出，以一八八〇年至一八八八年爲全盛時期；輸出數量超過百五十萬担以上，迨至一八九六年以降，印度茶及錫蘭茶踏進世界茶市場以後，受其競爭傾軋的影響，紅茶主要銷路的英美市場爲所掠奪，輸出數量乃逐漸激減。自一九一八年以後，紅茶輸出平均年僅十餘萬担。至民國二十五年，紅茶輸出爲九六・〇三〇公担，價值國幣七・九〇八・三九六元，若以是年輸出量爲一〇〇%，則二十六年輸出量爲一二〇・四%，二十七年爲一一三・四%，頗呈增加之勢，迨至二十八年，因受沿岸封鎖的影響，輸出數量頓減，只及二十五年之五三・七八%，但在輸出價值方面，若以國幣計算，尙較二十五年爲多，至二十九年，紅茶輸出數量頗呈好轉之勢，幾與二十五年不相上下。

磚茶輸出素以蘇聯爲主要對象，最近三十餘年來佔居華茶市場的領袖地位。中蘇易貨協定簽訂以後，雙方同意以中國茶葉交換蘇聯的機器軍火，定額極爲鉅大。而此項磚茶的出口在海關報告上初無數字可考，故就常理推測，中國磚茶輸出數量近五年來當屬有增無減。但專就海關報告研究，若以二十五年磚茶輸出數量作爲一〇〇%，則二十六年爲九五・六八%，二十七年以後輸往蘇聯之數字已不在內，故突降爲二〇・六三%，二十八年爲二二・九八%，二十九年爲一二・〇三%。但從輸出價值方面觀察，若以國幣計算，則並不與輸出數量作比例的減少。例如二十九年輸出數量只約爲二十五年八分之一，而輸出價值則爲一百二十餘萬元，幾及二十五年之半。

綠茶輸出的主要市場爲非洲各地，其次則爲美國。近五年來輸出的數量並未受戰事影響而減少，牠主要原因，或許是受了政府統制的關係。蓋自戰事開始以後，政府卽將茶葉的採購運銷等項全部由政府經營，收到集中管理的效果。若以二十五年輸出數量爲一〇〇%，則二十六年爲九八・七八%，微有減少，至二十七年突增至一四八・二%，二十八年爲八九・二二%，又微有減少，二十九年爲一四二・二%，又大形增加，在中國茶葉輸出中佔最重要的地位。其輸出價值自亦與年俱增，二十九年輸出綠茶價值六千九百餘萬元，與二十五年的一千九百餘萬元的比較，增加四倍以上。

中國其他類茶（包括毛茶）的輸出數量在近年中也呈增加的現象，惟二十九年度則突形減少。若以二十五年的輸出數量作爲一〇〇%，則二十六年爲一六六・五%，二十七年爲一九一・四%，二十八年爲一〇九・〇%，二十九年爲五八・六%。其輸出價值以法幣計算，年有增加，即以二十九年論，其輸出數量爲二十五年十分之六弱，但輸出價值則反而增加一百二十餘萬元。

全國最近五年茶出口統計

年度	紅茶1		磚茶2		綠茶3		其他4	
	量(公担)	值(國幣)	量(公担)	值(國幣)	量(公担)	值(國幣)	量(公担)	值(國幣)
29	94,614	31,824,720	10,937	1,215,156	221,792	69,091,772	17,582	2,439,547
28	51,645	9,043,507	2,089	91,724	139,125	19,762,234	32 719	1,488,366
27	108,902	8,808,782	18,754	688,367	231,146	21,598,431	57,444	2,[illegible]08,505
26	115,658	10,085,558	86,955	2,251,068	153,998	16,422,669	49,961	2,027,979
25	96,030	7,968,396	90,876	2,305,565	155,931	19,192,267	30,006	1,195,483

1. 包括工夫紅茶其他紅茶　　2. 包括紅磚茶綠磚茶
3. 包括小珠綠茶熙春綠茶雨前綠茶暨其他綠茶　　4. 包括毛茶暨未列名茶

民國二十五年中國紅茶輸出國別，以英國居首，第二德國，第三荷蘭，第四美國，第五法國。二十六年輸出國別仍以英國居首位，美國則躍居第二，荷蘭第三，第四香港，第五法國。二十七年以對外交通孔道改變關係，香港成爲紅茶輸出的主要集散地，第二英國，第三美國，第四德國，第五澳洲。二十八年輸出國別仍以香港佔第一位，美國亦躍居第二位，英國屈居第三，第四澳門，第五澳洲。二十九年輸出國別仍以香港爲第一位，第二爲關東租借地，第三美國，第四英國，第五廣州灣。玆將最近五年來紅茶出口國別統計列表如下：

全國最近五年紅茶出口國別統計表　（單位國幣）

國別	二十九年	二十八年	二十七年	二十六年	二十五年
香港	13,472,277	7,398,107	6,963,358	863,987	596,326
關東租借地	12,328,496	1,821	5,382	47,798	36,827
美國	2,041,379	1,007,433	459,125	971,627	679,034
英國	1,519,693	216,788	523,956	4,581,858	2,730,487
廣州灣	1,226,690	272	—	—	—
日本	897,948	10,313	—	—	—
澳洲	106,300	51,123	183,714	231,153	178,670
澳門	51,050	117,629	44,150	36,426	9,251
法國	31,489	15,398	165,202	780,626	670,256
意國	22,069	47,883	12,012	8,469	22,756
祕魯	19,985	—	4,668	25,868	41,791
新加坡等處	17,559	32,667	12,281	35,083	34,568
埃及（包括英埃蘇丹）	5,372	3,845	952	4,116	5,137
德國	4,678	41,242	344,128	471,915	1,229,159
加拿大	2,906	29,029	7,660	120,962	134,080
印度	1,502	7,545	413	6,192	8,051
南非聯邦及羅達西亞	576	36,197	20,388	129,405	43,347

阿根廷	91,738	—	—	36,148	15,539
丹麥	—	—	9,239	35,311	28 654
荷蘭	—	—	23,221	938,003	710,609
紐西蘭	—	—	3,075	36,105	40,781
蘇聯亞洲各路	—	—	9	396,406	461,821
摩洛哥	—	—	1,603	1,760	409
西班牙	—	—	—	—	7,000
阿爾及耳	—	—	—	—	291
緬甸	—	—	—	—	129 528
其他國家	91,738	33,313	27,496	359,330	43,347
重進口	−16,987	−7,098	−13,250	−32,990	−1,779

磚茶輸出國別，二十五年以蘇聯居首位，第二緬甸，第三關東租借地。二十六年輸出國別，亦以蘇聯佔絕對多數的地位，第二關東租借地，第三緬甸，二十七以降，中蘇茶葉易貨協定簽訂，對蘇磚茶出口海關報告中已無數字可考，而除蘇聯以外，對其他國家的輸出也已無關重要。二十八年輸出國別，除蘇聯外，以安南佔第一位，第二香港，第三緬甸。二十九年磚茶輸出國別，除蘇聯外，以關東租借地居首，第二緬甸，第三安南。

全國最近五年磚茶出口國別統計表 （單位國幣）

國別	二十九年	二十八年	二十七年	二十六年	二十五年
關東租界地	903,307	10,594	4,084	54,701	36,499

九一

緬甸	188,708	11,507	—	5,825	89,349
安南	69,131	35,922	—	—	—
泰國	50,470	398	—	—	—
香港	—	33,291	—	—	—
蘇聯亞洲各路	—	—	—	2,187,478	2,157,311
其他國家	3,540	12	634,283	3,064	22,406
重進口	—	—	—	—	—

中國綠茶輸出國別，民國二十五年以摩洛哥居首位，第二阿耳及耳，第三美國，第四香港，第五印度。二十六年仍以摩洛哥居首位，美國躍居第二位，第三阿耳及耳，第四香港，第五印度。二十七年也以摩洛哥佔第一位，香港躍居第二，第三美國，第四阿耳及耳，第五法屬西菲洲。二十八年以運輸路線變更關係，香港躍居第一位，第二摩洛哥，第三阿耳及爾，第四美國，第五突尼斯。二十九年度仍以香港居首位，第二摩洛哥，第三美國，第四阿爾及爾，第五直布羅陀。

全國最近五年綠茶出口國別統計表　（單位國幣）

國別	二十九年	二十八年	二十七年	二十六年	二十五年
香港	46,268,340	10,080,195	6,605,588	1,475,926	764,888
摩洛哥	13,159,674	6,684,927	7,368,074	8,163,126	11,046,552
美國	3,975,842	455,334	1,404,128	1,864,760	1,981,345
阿爾及耳	2,456,841	1,217,677	1,342,077	1,833,955	2,513,938

直布羅陀	910,656	28,834	—	—	—
新加坡等處	777,911	118,072	273,680	481,549	397,808
法國	492,937	124,106	139,051	127,300	157,829
突尼斯	479,749	285,240	265,281	422,875	447,634
英國	348,036	7,658	187,243	135,054	168,314
法屬西非洲	320,854	274,026	286,329	346,181	401,145
印度	262,853	235,833	159,791	520,952	518,664*
南非聯邦及羅達西亞	260,691	51	—	—	—
菲律賓	138,029	48,630	55,821	73,637	78,792
荷屬東印度	57,393	21,803	24,532	19,590	22,285
加拿大	36,479	3,725	42,303	116,369	17,293
緬甸	30,839	16,846	40,214	48,338	—
安南	23,438	15,187	32,697	37,183	—
泰國	13,681	14,920	167,466	52,006	20,141
埃及(包括英埃蘇丹)	8,457	3,906	730	11,396	28,315
台灣	6,900	6,194	—	32,589	45,415
葡萄牙	6,048	—	9,093	47,334	10,882
英屬西非洲	—	4,346	21,640	10,936	46,203
的黎波里	—	—	48	57,821	12,173

蘇聯亞洲各路		—	238,705	103,748	14,318
德國	—	—	19,731	30,008	38,009
荷蘭	—	—	2,194	6,380	633
但澤	—	—	—	—	10,978
其他國家	288,585	166,190	2,913,106	407,404	458,890
重進口	－1,232,461	－1,466	－1,091	－3,838	－10,181

包括緬甸

中國其他茶製品出口國別，二十五年以英國居首，第二香港，第三關東租借地，第四蘇聯亞洲各路，二十六年仍以英國居首、第二爲關東租借地，第三香港，第四緬甸。二十七年度香港突然躍居首位，第二關東租借地，第三緬甸，第四英國。二十八年香港仍佔首位，第二緬甸，第三關東租借地，第四美國。二十九年度出口國別香港仍居首位，第二緬甸，第三新加坡等處，第四美國。

全國最近五年其他茶製品出口國別統計　（單位國幣）

國別	二十九年	二十八年	二十七年	二十六年	二十五年
香港	1,139,056	679,168	1,025,676	307,578	226,483
緬甸	587,739	274,169	169,633	249,294	30,236
新加坡等處	311,318	24,472	1,407	11,141	22,708
美國	164,244	72,901	27,412	23,853	30,122
關東租借地	85,884	221,948	585,532	400,952	174,446

澳洲	16,288	220	14,738	38,385	25,969
法國	6,093	29,771	6,946	18,742	14,832
加拿大	3,885	1,240	540	12,032	19,993
台灣	3,050	—	—	40,829	30,943
英國	32	40,149	28,242	460,516	270,432
安南	—	7,791	1,888	32,173	14,610
朝鮮	—	—	73	14,694	13,724
荷蘭	—	—	23	10,821	7,827
蘇聯亞洲各路	—	—	4,164	142,726	168,202
日本	—	—	—	170,133	122,812
印度	—	—	—	81	32
其他國家	125,488	136,601	73,011	94,581	22,422
重進口	−3,530	−64	−600	−12	+310

二　華茶的對英貿易

自一六六〇年英國東印度公司購買華茶呈獻英皇以後，華茶卽陸續輸向英國，且爲英人所嗜好。當該世紀末年，華茶的輸入英國，每年卽有十四担左右。及至十八世紀末葉，英人和歐洲人的嗜茶者日有增加，而英人每人每年的消費量，卽已超過二磅。且歐洲其他有嗜茶習慣的國家，也多向英國轉購華茶。此時英國對於華茶的需要，已見飛越增加。至一八三〇年，華茶輸入英國的數量，已增至十三萬六千七百餘担，爲數已是相當可觀。

英國爲華茶貿易初期中的最大銷場。其輸入的華茶，不僅供給英國本國的消費，且亦供給其他需茶國家，前文已曾言及。在一八六〇年間，輸往英國的華茶，竟占華茶輸出總額百分之九十六。其後各個需茶國家所需的茶葉，雖有直接由中國輸入，使輸英華茶在華茶輸出總額中的比例減少，但至一八九三年爲止，英國仍爲運銷華茶最多的國家。

就華茶輸英的數量言，以一八八〇的數字爲最高。即是年輸往英國的華茶，計達一百四十五萬六千七百四十餘担，約占華茶出口總額百分之七十，英國茶葉消費總額百分之六十——七十。但自是年以後，華茶輸英，便行逐漸減少，其減少的數額，每年約計五萬担至六萬担之譜。蓋英國在十八世紀初年，即在印度及錫蘭等地開始培植茶樹，此時已有大量生產，英國爲保持其殖民地茶葉的銷路，對於華茶的輸入，即行予以種種限制故也。

華茶對英貿易，自經此次限制後，至一八八五年，即已減至一百三十八萬八千餘担，一八九三年，又減至六十萬担，英國對於華茶輸入所佔的首位，也即於是年喪失。是年以後，華茶銷英之數額，仍在繼續下降，至一九〇六——一九一〇年，又減低至七萬餘担。

自一九一三年以後，英銷華茶，雖然有增有減，然而最高數，仍不過二十萬担上下，至一九二一年的輸英數字，則僅爲三萬一千担。一九二三年以後，華茶出口雖有起色，但銷售英國者，最多不過二十萬餘担而已。現就一八八二年以來英銷華茶占華茶輸出總額的比例，列表於下：

銷英華茶占華茶輸出總額的百分比例表

年份	百分比
一八八二年	五〇·三六
一八八七年	三七·八七
一八九二年	二三·〇一

一八九七年	一六・九六
一九〇二年	七・八三
一九〇七年	九・七七
一九一二年	六・六一
一九一七年	三・一一
一九二二年	一三・一八
一九二七年	一〇・一六
一九三二年	八・八九
一九三七年	一四・〇一
一九三八年	二・一七
一九三九年	一・三二

觀乎上表，卽可明白銷英華茶衰落的傾向，自足令人驚心動目。溯自華茶輸英的最盛時期，銷英華茶占華茶輸出總額百分之九十六，隨後卽由一八八〇年的百分之七十及一八八二年的百分之五〇・三六激減至一九一七年的百分之三・一一。後至一九二二年，雖又高至百分之一三・一八，但是年輸英的華茶數額，亦不過七萬五千九百餘担，與一九一七年輸英的數目相較，僅增加四萬餘担，故其比額的增加，只不過表示整個華茶對外貿易的衰落與夫華茶輸出總額的減少而已。此後除一九二三年，一九二四年及一九三四年稍有增加外，銷英的華茶，大概都在七八萬担至二三萬担之間，至一九三八年，則減至一萬八千餘担，僅占華茶輸出總額百分之二・一七，一九三九年，又減至五千餘担，僅占華茶輸出總額百分之一・三二。

在各種茶葉中，運銷英國的華茶，以紅茶爲最多。一八八〇年輸入英國的紅茶，計達一百二十一萬三千餘担、占當時輸英華茶總額百分之八三。其後則因華茶輸英數量的減少，紅茶輸英的數額，亦隨之低下，如在一八八七年，輸英紅茶，即由一八八〇年的一百二十一萬餘担減低至九十二萬餘担。其後兩年間的對英輸出，雖尚能保持七八十萬餘担的數額，但至一八九〇年，便行急轉直下，減額較前更多。即自一八九〇年至一八九四年之間，每年輸英數額，僅不過四五十餘萬担。是年以後，仍趨下降，至一九〇〇年，中國紅茶之運銷英國，僅爲二十二萬三千九百餘担。此後則盤桓於數萬担至十餘萬担之間，一九二四年輸出雖然較多，但亦不上二十萬担。

最近英銷紅茶，不僅無何增加，而且每年銷英數字，大概約在四萬担至七萬担之間，一九三四年雖然較多，但亦不過十二萬四千餘担，一九三八年，則僅有一萬二千餘担，一九三九年，更降至四千担，現將最近十年來銷英紅茶的數字，列表於下：

最近十年來銷英紅茶數額（單位——担）

年度	數量
一九二九年	五五・六二六
一九三〇年	五三・二三〇
一九三一年	四八・三四五
一九三二年	三二・九八六
一九三三年	四五・四八三
一九三四年	一二四・六八二
一九三五年	五二・二五四
一九三六年	五一・六九四
一九三七年	八九・七二六

一九三八年	一二•九二〇
一九三九年	四•一四二

紅茶在英國茶葉市塲中，尙能繼續維持者，僅有祁門的紅茶和宜昌的紅茶。但此等茶葉之在英國市場上銷售，銷數極爲微小，全年銷售之數，不及印錫茶每週在英的銷數，加以品質不一，產額無定，此後如不卽謀改進，前途仍存種種障礙，但祁門紅茶，因爲香味特美，世界上各種茶葉，均不足與之比擬，所以目前尙不至有何問題。

兩湖紅茶，則在英國市塲上受到排擠最甚。此種紅茶，雖在國內生產頗多，但無特別品質，足資自豪，祇是價格低廉，不足與其他各國所產的茶葉相競銷。兩湖紅茶的最大缺點，卽爲葉條太粗，色澤偏黃，味旣不佳，葉底又復黑暗而不鮮紅。至其致此的原因，雖是不勝枚舉，但製造的粗放，也不能辭其咎責。

至於中國綠茶的運銷英國，一向爲數極微，不足使人注意。在一八九六年以前，每年銷英的數額，亦僅八九萬担，占綠茶輸出總額百分之三十至四十，至一八九七年以後，綠茶英銷，愈見減少，每年祇不過三四萬担，約占綠茶輸出總額百分之十五左右，一九〇七年，又復下降，迄至一九一七年爲止，每年輸往英國的綠茶，多在二萬餘担至三萬餘担之間，僅占綠茶輸出總額百分之十左右。以後綠茶運銷英國，間或有所增加（一九三四年激增，係因一九三三年印錫荷印締結協定，限制產銷之故），但亦爲量無幾。現將最近十年來中國綠茶運銷英國的數額，列表於下：

最近十年綠茶運銷英國數量表（單位——担）

年度	數量
一九二九年	一•九八八
一九三〇年	三•六九四
一九三一年	二•四五一

一九三二年	一·四〇二
一九三三年	一·八八二
一九三四年	九·六九四
一九三五年	三·五八二
一九三六年	二·四四二
一九三七年	一·九一四
一九三八年	一·一二六
一九三九年	一六八

華茶英銷，最初佔英國茶葉輸入總額一〇〇%，以後漸次下降，最近僅佔英國輸入總額之二%，其衰落的激烈，令人爲之驚心動目。推究其原由，並非因爲英國的茶葉消費額激減使然，蓋別有原因也。試觀下表，即可知英國對於茶葉的消費，正年有增加，而並不見減低。

近三十年來英國茶葉純輸入額

年份	輸入額	每人平均消費額
一九〇九——一三年年平均	二九三·〇〇六千磅	六·五磅
一九二〇——二四年年平均	三九九·二四〇	八·七
一九二五——二九年年平均	四二九·五〇七	九·五
一九三〇——三三年年平均	四五二·一三三	九·八
一九三七年	四五七·二〇〇	九·九
一九三八年	四二二·七〇〇	九·二

一九三九年　　四三八・一〇〇　　九・六

（錄自 All about Tee VolII.349頁及國際茶業協會年報）

從上表可知英國對於茶葉的消費，當華茶英銷激減期間，反有繼長增高之勢，卽在激減期內，英國國民每人每年平均消費，已由六・五磅一直增至一〇・六磅，顯然華茶英國市場的衰落，並非由於英人的茶消費減少，而正別有重要原因。

其原因何在，一曰外在的原因，二曰內在的原因。何謂外在的原因，卽他國茶在英市場與華茶競爭排擠，使華茶年甚一年，而至一蹶不振。蓋英國在十九世紀時，一面在華購茶，一面卽在印錫等地試種茶樹，獎勵植茶，待至十九世紀下半期以至二十世紀初年，皆已收獲大效，產量大增，將英國華茶市場取而代之，試觀下表，卽可知其大勢。

世界產茶國家茶葉輸出統計表（單位百萬磅）

年份	印度	錫蘭	荷印	中國	日本	台灣	總計
一九〇〇	一九二	一四九	一六	一八四	四二	一九	六〇四
一九〇五	二一六	一七〇	二六	一八二	三八	二三	六五八
一九一〇	二五六	一八二	三三	二〇八	四三	二四	七五〇
一九一五	三四〇	二一五	一〇五	二三七	四四	二七	九七四
一九二〇	二八七	一八四	一〇二	四〇	二六	一五	七五七
一九二五	三三七	二〇九	一一〇	一一一	二七	二一	八二一
一九三〇	三六二	二四三	一八〇	九二	二〇	一八	九二二
一九三三	三二八	二一六	一七九	九二	二九		八六二

一九三七	三〇七	二〇六	一四八	九〇	三九	二二	八一二
一九三八	三三〇	二二二	一五二	七〇	五二	二二	八四八
一九三九	三四七	二三五	一五九	九二	四一	二五	九〇〇

（錄自All about Tee Voll1.334頁及國際茶業協會年報）

自一九〇〇年以來，茶葉世界貿易數量中，印度錫蘭爪哇的比重，便大為增加，而華茶的比重，則反減少一倍，此即表示在印錫荷印茶業大為發展的過程中，中國海外市場為之侵佔大半，特別是英國市場，因印度錫蘭為英國屬領，英方獎勵印錫紅茶進口，稱印錫茶為「國茶」(Our tea)，處處予以便利，而華茶遂正面受其打擊。如英的茶葉進口稅，非屬領的茶稅，較印錫茶增課二便士，由英國茶葉市場上規定每週四次，星期一及星期三為印度茶的競賣日，星調二為錫蘭茶的競賣日，星期四為爪哇日本等茶的競賣日，其中無華茶單獨競賣的定期日期，在在皆居於不能與人同等競爭的地位。試觀下表，即可知華茶在英市場受人排擠所受影響的鉅大了。

英國茶葉消費及產茶國輸入英國之數量表（單位——一千磅）

年份	印度	錫蘭	荷屬東印度	中國	合計直接輸入數	全年消費數
1926年	292.501	141.681	55.909	14.310	504.401	405.608
1927年	307.246	144.908	62.586	11.814	526.555	412.438
1928年	298.861	139.717	58.903	8.018	505.499	419.694
1929年	317.522	155.311	72.467	8.377	553.727	425.000
1930年	299.437	153.883	67.462	8.790	529.573	439.000
1931年	292.004	160.514	68.196	7.525	528.239	462.000
1932年	331.532	172.230	59.848	5.428	569.079	455.000

1933年	278.827	149.511	47.359	7.859	483.694	438.209
1934年	290.552	155.274	35.148	17.746	499.291	432.471
1935年	278.691	143.986	32.534	7.300	464.926	442.950
1936年	268.700	145.200	38.100	8.700	481.600	444.300
1937年	275.600	141.100	26.600	13.000	487.800	440.600
1938年	292.500	167.100	31.500	7.000	526.700	438.500

依上列統計表，印度茶的輸英入國每年常維持三萬萬磅左右，錫蘭茶一萬五千萬磅左右，荷印茶五千萬磅左右，中國茶八萬磅左右，僅佔英國輸入總額的二%而已。世界茶的生產，常超過消費，故茶的生產過剩，乃為必然的現象，印錫一方面限制茶生產，一方面把持英市場，在此情形之下，華茶除品質特別優異者外，即不易倖存於英國市場，華茶的失其地位，豈偶然哉。回憶一八三六年以前英國需茶，完全仰給吾國，其後印茶輸英，除一八五六華茶仍佔英國輸入總額九七%外，不意不數十年而地位倒置，今印錫茶的輸英，反佔英國茶葉輸入的九〇%，令人能不慨然！

至於內在的原因，其主要的即為：

因為生產方法落後，所製茶葉，品質既低而成本復高，不足與他國產品競爭。

因為華茶的在英國市場銷售，中國本身不能加以控制，一任英國商人左右。

在華茶輸入英國的初期，因無他國產品可與比較，英人亦無從評其優劣，且當時的中國茶葉，係為英國皇宮中的應酬珍品，故華茶的輸往英國，絕無人問到其品質究竟如何？而只要知其來自中國，即作為極高貴的飲料，但自印度及錫蘭產出茶葉，並用科學方法大量製造以後，茶葉的品質，即為英人所注意，華茶遂即不能與之競銷，加以英人又為保持其殖民茶葉生產，極力排擠華茶，宣傳印錫茶的優良與中國茶的低劣，打破英人對於中國茶葉的固有觀念與信仰。

中國茶葉在此種情形之下，自應力圖改進，設法增加輸出，保持原有市場。但我國的茶業人們，並不予以重視，對於茶葉的製造，依然墨守成法，不謀稍予改進，致使華茶銷英，一落千丈。

華茶製造，始終墨守舊法，以致生產成本高昂，不能和印錫茶相比，推銷亦比較困難。中國製茶業者，雖然感到成本太高，競銷不易，但仍不求改進的方法，其爲要減低成本，只是摻雜作僞，上蠟加糊，反使天然品質，遭其蹂躪，變優爲劣，自絕於市場之外。

至於華茶的行銷英國，雖然歷史甚久，而國內茶商，仍無直接輸出的組織與企圖，只知守貨待沽，來購者多則多售，來購者少則少售，營業前途，完全聽其自然。此種情形，在各國均無茶葉出產，只讓華茶獨步世界之時，尚不慮有何變化，但在英國欲謀分占茶葉生產事業，使我國茶葉銷英銳減之後，則宜力謀恢復市場，不料我國商人仍是逆來順受，坐看華茶銷路，因印錫茶葉出產增加而縮減。此不獨中國茶葉商人如此，卽中國政府，對於茶葉銷英的衰落，亦不設法維護。蓋因華茶的行銷英國，始終爲英國商人操縱，中國本身，則完全處於被動地位的緣故。

華茶的運銷英國，如不卽謀復興，勢必日就消滅，然圖復興華茶，自非容易之事，但亦並非決無希望。英國茶葉專家哈羅氏曾說：

「中國茶葉，因有天賦獨厚的品質，又有極低廉的人工，加之以悠久的製茶歷史與經驗，苟能利用新式科學方法以補其不足，必能再成爲茶葉出口國家的重要分子而無疑」。

中國茶葉天然品質的優厚，仍爲英國茶葉專家所承認，因而在我國國內，卽宜設法採用科學方法製造，免使中國茶葉的優良品質，因製造不得其法而消失，且採用科學方法，亦可用以減低茶葉的生產成本，使之易與他國茶葉競銷。此事如能稍有成就，華茶在英國的固有市場，亦當能有恢復希望。

現在華茶的銷英，已到千鈞一髮難以挽救的地步，要圖增進輸出，恢復原有在英的市場，應該先從何處着手。

簡單一句話，對內要求產量增多，價格降低與品質改良，對英要求除去進口稅的加徵和公開競賣目的獲得。現就兩方面來說：

先就國內茶葉生產方面言，我國茶葉，一向利用日光以及簡陋的設備製造，以致因天時關係，使優良的茶葉品質變劣，此後欲圖改進，必須設法改良，採用新式科學機械，推行于產茶各區，使優良的茶葉品質，不至受天時影響而變劣，並可減低生產成本，增加茶葉產量，以達價格低廉產量增加的目的。

但是我國茶葉，係爲農村副產，生產者都是兼營，且一向各自爲政，無有絲毫組織，茶商資本，又極薄弱，絕不能令其設法圖進，因而政府亟須予以策動，並集中力量，設立中央農業改進機關，負責全國茶葉品質的改良，方能收有成效。

說到改良設施，則應先從小處着想，俟稍有門徑以後，再行相機擴大，萬不可好高騖遠，致有虎頭蛇尾之危。

對於茶葉的製造，必須限其嚴格分別等級。低級紅茶，則可儘量倣做印錫茶樣，得以利用他人既成的地位，或可用以和日茶競銷，充作與印錫茶拚搭的用場，收回爲日茶所奪的英國市場。上等紅茶，則應速求品質的劃一，以及產量的增加與確定，然後逐漸設法恢復在英國的銷路。

至於對英推銷方面，亦須由國家予以倡導，蓋因中國商人，向來不諳國際市場情況。要打破外人在國內操縱茶市，須由國家領導經營，並獎勵國內茶商直接對外貿易。至華茶的對英貿易，如不爭取主動地位，仍任英國商人繼續把持，則華茶的品質，即能儘量予以改善，亦將因英國實行保護其殖民地茶葉政策的結果，擯華茶於英國茶葉市場之外。

三　華茶的對美貿易

華茶輸美已有數十年歷史，一八六〇年美國輸入茶葉三千一百萬磅，其中自華輸入者佔三千萬磅，即佔百分之九十六。一八七〇年輸入茶葉增至四千七百萬磅，其中自華輸入者增至三千五百萬磅，即佔百分之七十四。一八八〇年美國輸入茶葉又增至七千二百萬磅，華茶輸美者以三千六百萬磅，佔其總額的五〇%，其後美國茶葉輸入常在八九千萬磅左右，華茶輸美者一八九〇年佔其輸入總額的五〇%，一九〇〇年佔四九%，一九一〇年佔三二%，一九二〇年佔一一%，一九三〇年佔七%，最近數年常以一千萬磅左右佔其總額的七——一〇%，實巳銷場衰疲，僅屬苟延殘喘而巳。回顧八九十年前獨佔美市場的情勢，實不勝今昔之感。（詳見篇末附表）

華茶在美國市場的失敗，一由本國茶葉輸美的日漸衰退，如一八六〇年輸美三千萬磅，一九〇〇年輸美四千二百萬磅，至一九二〇年減至八百萬磅，一九三〇年減至六百萬磅是。其另一原因係由於其他產茶國家對美輸出的大增，如日本在一八六〇年茶葉輸美僅有三萬五千磅，只佔美國茶葉輸入總額的〇、一一%，至一八七〇年突增至八百餘萬磅，佔總額的一八%，一八八〇年又增至三千三百餘萬磅，其百分比提高至四六%，其後常以二千萬——四千萬磅的數字維持其二十以上五十以下的百分比例。一九三〇年吾國茶葉輸美只有六百餘萬磅，而日茶輸美反有二千萬磅，佔百分之二四，其聲勢的煊赫更顯見乎華茶在美市場的衰頹微弱。再印度錫蘭等在一八六〇年輸美茶葉僅有一百餘萬磅，只佔三·四八%，至一八七〇年以三百萬磅佔七%，一九〇〇年以八百萬磅佔一〇%，一九一〇年以一千九百萬磅佔二二%，一九二〇年以三千八百萬磅佔五三%，一九三〇年以五千七百萬磅佔六七%，其後數年皆在百分之六七十左右。昔日吾獨佔的美國市場，至此遂爲日台印錫所瓜分。今美銷茶中紅茶佔百分之七十弱，幾全爲印錫所獨佔，綠茶佔百分之二十強，幾全爲日本所獨佔，其餘烏龍茶不到百分之十，也被台灣獨佔。觀乎美洲新大陸的市場，今徒見印錫日茶。而究其原因，中國當然是自取其咎。簡略而言，有下列的五點。

華茶外銷無一定標準。按吾國製茶墨守陳法，向用手工，製法既無一定標準，品質自不能整齊劃一。且內地茶廠大多一年一度，無固定資本，無一定牌號，每年購製新茶又以快製快運爲營業方針，於是粗製濫造，攙僞作假的弊病，難以避免，待運國，年年的標準不同，大批交易甚感不便，不若印錫日台機製茶葉的品質齊一，標準一定，交易便利，其不能與人競爭，此其一因。

綠茶着色自絕銷路。按美人對於茶的嗜好，一方面注重香味與形狀，同時厭惡雜物和塵芥的混入。中國銷美綠茶以平水珠茶爲最多，而平水區製茶爲增加綠茶色素，往往加以顏料，使色澤鮮艷，眩人視好，但美國不喜綠茶着色，懸爲厲禁，於是着色綠茶美銷斷絕。宣統三年間吾綠茶銷美的大減，平水茶區茶業恐慌的危機至今猶爲茶業界人談虎色變者，此亦外銷失敗的一因。蓋吾綠茶美銷因受着色禁止而減少，同時印錫日茶則反利用時機向美競銷，華茶失敗，實在咎由自取。

華茶銷美數量時斷時續不能作大量的供給，吾國茶葉銷美向由洋行經營，尙少直接貿易。美銷既無一定計劃，供給亦乏統盤計算，憶熟悉美國茶市的葛來克君曾有言曰：「凡飲印度茶者，無論至美國何處皆可於雜貨店購得同號同種的茶，購取既便，飲之成癖，嗜者日多。若中國茶則不然，偶於某埠某商號購得華茶一種，使投合飲者的嗜好，欲再購備，則非至同埠同號不可，一至他埠他商號即不可得，因此便利不便利的區別，使印度茶暢銷，而中國茶銷路，至今仍滯鈍也」。換華茶品目繁多，種類龐雜，加以推銷機購又欠完密，欲求普遍供給，當難辦到，則其銷路滯鈍，事屬必然，此其原因之三。

裝璜粗陋，宣傳不力，不能吸引大量顧客。按印錫日本致力茶銷，不惜以巨額資金，廣事宣傳，推廣銷路。如印錫設立推廣局每年以百萬元資金從事宣傳，一方面利用廣告大事鼓吹，一方面以盒裝茶樣分贈顧客，其結果，使其裝璜美麗，零購便利的立灣登茶立爲威茶等風行全美，銷路大增，又如日本台灣亦在紐約專設推銷部，亦以巨萬資金，登廣告，設陳列所，開吃茶店，廣事宣傳。今日美國市面所售的茶，紅茶爲印錫的澄色白毫（Orange Pekoe）烏龍爲台灣的烏龍(Formusa Oolong)綠茶爲日本的綠茶（Japan Greens）至吾國的功夫紅茶，雖品質勝於白毫，但爲美人所不重視，平綠屯綠雖清香可口，而亦已漸爲美人所忘却。此概因吾國茶葉運赴美國多用木箱及蔴袋，無適宜的小盒包裝，無鮮明的華茶標幟，進口商人多用以拚賣，不特華茶特有的優點全爲湮沒，且華茶的印象亦將日漸爲人所遺忘；平日忽略銷售，吝惜廣告，顯爲使華茶滯銷又一原因。

華茶售價過昂難與他國茶相競爭。余友陳君頃自美國考察茶業歸來，於論華茶價格時謂：「過去功夫茶在美售價每磅常在一角三分左右今則已漲至一角七分以上，平綠茶價格亦較前大增，頭號珠曾漲到每鎊四角三分，比較日本的平綠高達三分之一，且國茶運美數量旣少則價格更高，因而更不能與他國茶葉競爭，所以現在美國市場茶葉，華茶幾近絕跡。（按美國習慣茶葉進口公司，售茶於茶葉批發行時，須獲贏利約百分之四十五至五十，茶葉批發行售貨於大雜貨行，又須獲贏利百分之四十至五十，復由大雜貨店轉發售於小雜貨店，輾轉增加，每經一處，卽須增價三分之一，至顧客購茶時，茶的價格，已較進口時倍增。）茶葉進口公司，爲便利行銷起見，所以每喜販賣價値較廉品質較次的茶。華茶售價旣昂，銷路當然滯鈍，他不能與印錫日茶競銷者此亦一大原因。

綜合上列五大原因，可知吾國茶葉推銷的缺點甚多。反之卽他國茶葉銷售優點甚多，是則國茶的慘遭敗蹟，顯因內在本身的種種缺陷，外加印錫日本的步步進逼，有以使然。

但華茶美銷其將永遠一蹶不振麼？或企圖恢復昔日的光榮其爲不可能麼？不，事在人爲，並非不可能，其原因有四。

華茶品質本極優良，按美人的經營茶業者，對於華茶皆有良好的品評，皆謂華茶的色味實優於各國茶，惟印錫的茶較爲濃苦適投美國人的嗜好。然印錫茶未輸入美國以前，美人所嗜好的非濃苦的美錫茶，而爲香美的中國茶，可知美人的嗜好初無一定，亦時隨廣告與宣傳做轉移。苟吾國能將華茶所具優點充分發揮，擴大宣傳，再以吾國自古以來幽雅有趣的茶情逸事做廣告，則好奇眩新的美洲人士恐也將棄印日茶葉而品嗜華茶了。

英國每年消費茶葉四萬萬磅，每人年消費額達九鎊之多。美國人口衆多，但每年消費的茶僅七八千萬磅，每人所佔消費量約半鎊左右而已。蓋美人平日飲料以咖啡爲主，每人每年消費九鎊，但咖啡刺激性太強，實不若茶葉的清香雋永而性質淳和，如能設法提高美人對於茶葉的嗜倘，則美銷的希望甚大。

中美邦交敦睦，日美情緒緊張。大概自日本對華作戰以來，美國的對日常在發動經濟制裁。自德意日三國盟約宣佈以後，美國人民對於日貨皆拖抵制態度，則目前如吾國利用機會以華茶大量輸美，恢復市場，或有可能。

自戰爭以來，國茶外銷卽爲政府所統制，不論產製運銷皆可由政府以鉅大資金統盤籌劃予以合理的調整，，不若戰前的漫無組織動輒受人牽掣，而無由推動，此爲華茶美銷較有希望。

綜上四端，可知處今日而言發展華茶美銷，可說條件具備。據最近一般專家的看法，建議於政府的，大略有下列的五點。

(一)利用時機與美訂立茶葉易貨合約，(二)利用統制方量抑低成本貶價售茶，(三)審定美銷茶葉種類花色品質裝璜，務使充分適合美銷，(四)考察美國人民心理，並發揚國茶優點，以奠定美銷基礎，(五)籌設駐美茶銷機關，聯絡旅美僑胞，試行直接推銷。

(一)利用時機與美訂立茶葉易貨合約。事變以來，吾國利用易貨合約發展對外貿易，最著稱的，爲對蘇的茶葉皮貨合約及對美的桐油合約，皆能依約履行。吾國茶葉出產年約十萬萬磅，對美茶銷最盛時年達四千餘萬磅，佔美國茶葉進口總額的半數以上。近年來銷路滯鈍，年僅銷七八百萬磅，如能乘這時期，以外交手續與美政府洽定中美茶葉易貨合約，由美政府指定大公司與吾國中國茶葉公司共同執行，則華茶以其產量的豐盛，當不難大量供給，如辦理妥善，年銷數額提高至三千萬磅頗有可能，惟有下列數點，應予以注意：

華茶在美市場過去常嫌供給不足且開價過高，影響推銷，關係太大，與美訂立合約，當極力將供給提高，茶價抑低，俾在經濟條件上先獲可以暢銷的基礎，而使合約的締定易於達到目的。

華茶在美市場過去因標準不一，品質參差，不能作大量與長期性的交易，與美訂立合約應商定數種花色，統一品質標準，力避種類龐雜，品目繁多，致影響推銷上的便利，再所定標準尤須適合美國政府所定標準與美國人民的嗜好習慣。

關於華茶在美推銷的方法，也應在合約中訂定，舉凡裝璜的形式，所用的標記，宣傳的方法，分銷的普及等皆當一一列入，俾使華茶在美地位賴以提高。

這爲發展華茶美銷的第一辦法，亦即維持美國華茶地位的基本辦法，如此項合約能夠訂立，則國茶美銷的發展條件已經具備，而只待國人的加意履行。

（二）利用統制力量抑低成本貶價售茶無論合約辦法能否實行，抑低成本貶值售茶總不失爲發展茶銷的根本要件，蓋貿易的發展依比較成本爲轉移，如甲國茶銷的比較成本低於乙國，則甲國茶葉大量輸出的基本條件業已具備，而該國茶葉自將不脛而走，暢銷國外了。過去吾國茶葉在美國市場售價較他國茶爲高，在原則上即已失去競爭能力。惟欲使海外售價貶低，第一當求成本的抑低，故吾國爲發展茶葉美銷計，首先當設法抑低成本，俾得貶價售茶，務使茶葉的比較成本低於他國茶葉，則暢銷海外自將毫無問題。當今政府正厲行茶葉統制的時光，實行抑低成本並非難事，其抑低成本的辦法如左：

獎勵植茶，勤加採摘，俾增加茶葉產量，苟毛茶供給增加，其價自平，惟定價時應顧及最低生產成本及茶農正當利益，藉資鼓勵。

提倡茶葉機製，減低製造費用，並便利茶葉金融，使資金暢流，利息減低，俾箱茶供給可以增多，箱茶售價可以抑平。

廢除中間商人的居間轉手，務使茶農所產毛茶直接售給茶廠，茶廠所製箱茶直接售交茶葉出口公司，居間減少，陋規革除，則茶葉成本即可大爲減低。

目下茶業經營上最感困難的，厥爲運輸問題，蓋海口封鎖，茶運皆多繞道轉運，運費爲之增高，政府對此應不避犧牲，實行補助，使茶業運費不致大增，茶葉成本不致提高，則對外推銷售價不難抑低了。

關於抑低成本一端，應將有關各因素加以精詳分析研究，務使所有浪費實行減少，各種手續提高效率，然後始可與他國茶葉在海外爭一日的短長。

（三）審定美銷茶葉種類花色品質裝璜務使充分適合美銷。華茶美銷缺乏標準及不合美方規定的弊害，上已論及，此種缺點，雖至今日仍未能完全免除，實屬可憾。現在吾國茶葉悉歸政府統制，欲求齊一標準，確定花色與品質洵非難事。余認為對美國政府所定標準及現在美國市場上暢銷的品質規定少數花色，由政府以統制力量厲行之，其辦法如左：

花色的規定最好由美政府於合約中詳細訂定，吾方即可依照所定花色及品質指定各省有關茶區依照訂定花色標準統一製造，不可自由亂製。惟吾國過去製茶向由民間散漫的小規模製茶廠各自製造，品質頗難齊一，政府為嚴格厲行茶葉品質適合標準起見，最好自設大規模製造廠，收購茶農所製毛茶自行精製裝箱，俾使茶葉品質可絕對適合標準。

如國營大規模茶廠一時無法設立，則應厲行茶廠管理制度，務必採取嚴格管理及指導方法使各廠所做茶葉不越出規定花色和標準。

各區茶葉品質不佳不利外銷者則應儘量指導，使其改製適合美銷，例如溫紅品質不佳，不妨試行倣製印錫白毫，運美推銷。

同時在茶葉出口檢驗時應另行規定美銷茶葉檢驗標準，嚴格檢查，凡不合美銷的花色及品質者不給檢驗證書，禁止輸出俾美銷標準得以維持。

如美銷標準能夠適合美國市場需要，再由國營茶葉公司源源大量運美銷售，則美國市場當不難恢復。

（四）考察美國人民心理並發揚國茶優點。按過去國茶在美向乏宣傳，因之華茶所具優點迄今湮沒無聞，今後當儘量利用科學化驗結果，提出優點證據，大事宣傳，務使美國人民家喻戶曉，咸知華茶品質的優良與售價的低廉，以奠定暢銷的基礎，所有廣告費用，當不惜犧牲，充分開支以博競銷勝利。

（五）籌設駐美茶銷機構聯絡旅美僑胞試行直接推銷。據海外調查吾國旅美僑胞在美所設餐館數在一萬所以上，紐約約有一千五百所之加哥約有一千所，其他卽人口僅有二三千人的小市鎭亦莫不有華僑餐館的設立，其分佈普及全美，佔計每日接觸的食客常不下百萬人，如欲普遍推銷國茶，這等餐高實爲最好塲所，苟吾國運美茶葉，標準齊一，售價抑低裝璜優美，零售便利，卽可利用僑胞餐館廣爲推銷。

推銷方法可由中國茶葉公司在美設立分公司，與僑商領袖取得聯絡，動員全美僑商餐館同時推銷。推銷時，品目應求簡單，不宜繁多，品質須求一律，不宜參差，佣金務須優厚，銷售特多者尤應給與現金或名譽獎勵，初銷時應多備樣茶，廣爲贈送，並命全美華僑餐館各以佳茗敬客，並乘機利用富有吸引力的廣告宣傳華茶優點，勸客試用，余深信華茶銷路必可大爲增加。如售茶合約不能締訂，則此種直接推銷的辦法亦不妨一試，想僑胞皆熱誠愛國，必願樂爲效力，其功効定不在小，但其前提條件仍須以較低的比較成本及優良的茶葉品質其基礎。

歷年中國茶葉輸美數量與印度日本比較表　（數量單位：千磅）

年度	中國		日本		印度錫蘭等		合計	
	數量	百分氏	數量	百分比	數量	百分比	數量	百分比
1860	30,558	96.41	35	0.11	1,102	3.48	31,696	100.00
1870	35,202	74.25	8,825	18.61	3,379	7.13	47,408	100.00
1880	36,187	50.25	33 688	46.68	2,287	3.17	72,162	100.00
1890	42 586	50.77	36,363	43.35	4,935	5.88	83,886	100.00
1900	42,283	49.84	33,949	40.01	8,612	10.15	84,845	100.00
1905	43,122	41.99	41.970	40.86	17,613	17.15	102,706	100 00
1910	28 043	32.75	38,187	44.60	19,395	22.65	85,626	100.00

1915	23,100	23.82	43,869	45.23	30,018	30.95	96,987	100.04
1920	8,055	11,35	24,749	34.86	38,196	53.80	71,001	100.00
1925	12,060	12.10	30,277	30,38	57,316	57.52	99,653	100.00
1930	6,467	7.62	20,948	24.67	57,510	67.72	84,926	100.00
1935	8,613	10.00	22,734	27.06	56,648	62.68	87,995	100.00
1936	6,240	7.42	21,129	24.85	56,192	67.46	83,561	100.00
1937	7,738	8.46	23,114	25.27	60,627	66.27	91,479	100.00
1938								
1939								

四　華茶對蘇貿易

蘇銷在整個外銷中的地位　中蘇茶葉貿易，是目前中國茶葉對外貿易底核心。

蘇聯以及其前身帝俄前後銷售中國茶葉，約已有三百年以上的歷史。最初完全由中國或帝俄底隊商陸路運輸，經內外蒙古以入西伯利亞，每年銷數僅幾千公担。其後一方面由隊商從蒙古輸入；一方面由英國商人從海道經倫敦間接輸入，每年銷數增至一兩萬公担。至十九世紀下半期，除一部份仍由英國商人間接輸入外，一部份則改由帝俄茶商直接來中國設廠製造，直接由海道經海參崴循西伯利亞鐵道輸入。因此每年銷數也急激增加。一八五一——六〇十年間每年平均銷數為五九，四五九公担；一八六一——七〇間每年平均銷數增為一二四•八一六公担；一八七一——八〇間每年平均銷數更增為三一二，五三〇公担。至一八九四年俄國遂升為中國茶葉底最大輸出國，每年銷數達四五八•〇〇三公担。自此以後，年有增加，至一九一五而極盛，年銷達七十萬公担以上。後雖稍稍降落；但仍佔國茶輸出國底首位。後一八九四以來半個世紀中，除一九〇四日俄戰爭的那一年和一九一八——二六，帝俄大革命後最初七年外，蘇聯始終是中國茶葉底國外最大銷場。

現可把一八九四以後歷年來中國茶葉底三大主要外銷市場，蘇聯，英國，美國，在中國外銷總額中的比重列表說明如下：

表一：　半世紀來國茶輸出數量底國別比較　(1894—1938；單位千公担)

年份	蘇聯		英國		美國		其他		合計	
	實數	比率	實數	比率	實數	比率	實數	比率	實數	比率
1894	458	40.7	374	33.2	244	21.7	50	4.4	1126	100
1895	556	49.3	333	29.5	188	16.7	51	4.5	1128	100
1896	558	53.9	299	28.9	137	13.2	42	4.0	1036	100
1897	530	57.2	222	24.0	126	13.6	48	5.2	926	100
1898	569	61.2	212	22.8	95	10.2	54	5.8	930	100
1899	563	51.1	229	23.5	132	13.3	62	6.3	786	100
1900	403	48.2	212	25.3	154	18.4	68	8.1	837	100
1901	359	47.2	232	30.5	111	14.6	59	7.7	761	100
1902	534	58.1	152	16.5	178	19.4	55	6.0	919	100
1903	476	47.0	188	18.5	149	14.7	201	19.8	1014	100
1904	257	29.30	313	35.6	137	15.6	171	19.5	878	100
1905	363	43.8	284	74.3	110	13.3	71	8.6	828	100

1906	568	66.9	124	14.6	92	10.8	15	7.7	849	100
1907	597	61.4	172	17.7	122	12.6	81	8.3	772	100
1908	584	61.3	152	16.0	126	13.2	91	9.5	953	100
1909	555	61.3	136	15.0	128	14.1	87	9.6	906	100
1910	589	62.5	175	18.6	89	9.4	90	9.5	943	100
1911	500	56.6	197	22.3	79	8.9	108	12.2	884	100
1912	508	56.7	147	16.4	96	10.7	145	16.2	896	100
1913	548	62.8	154	17.7	87	10.0	83	9.5	872	100
1914	546	60.4	165	18.2	103	11.4	90	10.0	904	100
1915	703	65.2	212	19.7	84	7.8	79	7.3	1078	100
1916	635	68.1	170	18.2	88	9.4	40	4.3	933	100
1917	444	65.2	98	14.4	104	15.3	35	5.1	681	100
1918	58	23.8	98	40.2	44	18.0	44	18.0	244	100
1919	100	23.9	208	49.8	51	12.2	59	14.1	418	100
1910	7	3.8	93	50.5	43	23.4	41	22.3	184	100
1921	15	5.8	111	42.7	77	29.6	57	21.9	260	100
1922	17	4.1	156	44.7	71	20.3	105	30.1	349	100
1923	7	1.4	251	51.9	87	18.0	139	28.7	484	100
1924	32	7.0	244	53.6	48	10.6	131	28.8	455	100

一一五

1925	125	24.8	166	32.9	66	13.1	147	29.2	504	100
1926	151	29.8	137	27.0	57	11.2	162	32.0	507	100
1927	56	10.6	181	34.3	54	10.3	226	44.8	527	100
1928	216	38.6	38	6.8	35	6.0	271	48.4	560	100
1929	226	39.4	36	6.3	46	8.0	265	46.3	573	100
1930	25	6.0	40	9.5	38	9.0	317	75.5	420	100
1931	46	10.8	34	8.0	40	9.4	305	71.8	425	100
1932	139	35.2	25	6.3	31	7.9	200	50.6	395	100
1933	143	34.0	36	8.6	39	9.3	202	48.1	420	100
1934	156	33.1	81	17.2	33	7.0	201	42.7	471	100
1935	116	30.4	33	8.6	34	8.9	199	52.1	332	100
1936	96	25.8	35	9.4	28	7.5	213	57.3	372	100
1937	99	24.4	57	14.0	32	7.9	218	53.7	406	100
1938	166	38.4	27	6.3	29	6.7	210	48.6	432	100
總計	14399	46.4	7039	22.7	3942	12.7	5648	18.2	31028	100

從一八九四至一九三八前後四十五年中間，蘇聯共銷中國茶一千四百三十九萬九千公担，英國共銷中國茶七百〇三萬九千公担，美國共銷中國茶三百九十四萬二千公担。英國銷數僅及蘇聯銷數的百分之四八·九，美國銷數僅及蘇聯銷數的百分之二七·四。

表二：半世紀來中國茶葉的蘇銷美銷英銷數量比較　（1894--1938；單位千公担）

國別	實銷	比率(蘇聯＝100)
蘇聯	14399	100.0
美國	7039	489
英國	3942	27.4

半世紀來蘇銷數量始終為國茶外銷總額中所不可忽視的主要部份。中國底外銷茶葉百分之四六・四都銷售蘇聯。「見表一」以時期來講，在日俄戰爭以前的十年間，蘇銷數量所佔中國茶葉外銷總額底百分比，要平均達到百分之五十二；在日俄戰爭以後至帝俄大革命十三年間，更增加到平均百分之六十一；後經大革命後的低落時期，但至一九二六以後卽恢復至平均百分之三十以上。以茶類來講，蘇銷數量要佔到中國磚茶外銷總額底百分之九五・六紅茶外銷總額底百分之三二・七；綠茶外銷總額底百分之一六・八。

表三：　半世紀來中國各種茶類底對蘇銷量所佔外銷總量底百分比

（1894——1938；單位千公担）

年份	磚茶			紅茶			綠茶		
	蘇銷量	外銷總量	蘇銷量佔外銷總量的%	蘇銷量	外銷總量	蘇銷量佔外銷總量的%	蘇銷量	外銷總量	蘇銷量佔外銷總量的%
1894	239	239	100.0	210	736	28.5	1	141	0.7
1895	290	291	99.7	243	680	35.7	1	148	0.7
1896	339	343	98.8	202	552	36.6	3	131	2.3
1897	300	338	88.8	418	463	90.3	13	122	10.7

1898	271	301	90.0	239	512	46.7	25	112	22.3
1899	250	287	87,1	252	566	44.5	21	129	16.3
1900	191	192	99.5	188	522	36.0	21	121	17.4
1901	171	178	96.1	152	403	37.7	30	115	26.1
1902	341	345	98.8	149	416	35.8	39	154	25.3
1903	236	374	63.1	193	453	42.6	45	182	24.7
1904	188	271	69.4	33	453	7.3	32	146	21.9
1905	270	314	86.0	51	361	14.1	36	146	24.7
1906	353	355	99.4	173	363	47.7	36	125	28.8
1907	363	365	99.5	185	428	43.2	44	160	27.5
1908	357	357	100,0	159	415	38,3	64	172	37.2
1909	341	354	96.3	149	375	39.7	47	170	27.6
1910	372	373	99.7	141	883	16.0	69	179	38.5
1911	252	252	100.0	154	444	34.7	89	181	40.2
1912	306	306	100.0	155	390	39.7	41	188	21.8
1913	367	367	100.0	134	328	40,9	42	168	25,0
1914	353	353	100.0	146	571	25.6	38	161	23.6
1915	388	388	100.0	243	466	52.2	53	185	28.8
1916	339	339	100.0	200	392	51,0	80	181	44.2

1917	268	268	100.0	155	386	54.2	16	119	13.5
1918	45	46	97.8	11	105	10.5	1	91	1.1
1919	85	87	97.7	14	175	8.0	(註五)0	151	0
1920	5	8	62.5	12	77	15.6	0	99	0
1921	14	14	100.0	1	83	1.2	0	162	0
1922	13	14	92.9	3	162	1.9	0	171	0
1923	4	5	80.0	(註六)0	273	0	0	172	0
1924	9	12	75.0	19	244	7.8	4	171	2.3
1925	85	86	98.8	70	203	34.5	11	197	5.6
1926	79	86	91.9	29	177	16.4	27	199	13.6
1927	103	145	71.0	35	151	23.1	40	202	19.8
1928	155	155	100.0	32	163	19.6	24	186	12.9
1929	147	147	100.0	40	178	22.5	24	212	11.3
1930	110	110	100.0	10	130	7.7	14	151	9.3
1931	100	101	99.0	18	104	17.3	18	178	10.1
1932	128	128	100.0	1	89	1.1	10	166	6.0
1933	108	112	96.4	14	98	14.3	10	175	5.7
1934	128	130	98.5	18	150	12.0	3	152	2.0
1935	94	97	96.9	16	105	15.2	1	154	0.7

一一九

1936	82	91	90.1	5	96	5.2	0	156	0
1937	85	87	97.7	6	116	5.2	1	154	0.7
1938	132	159	83.0	278	739	37.6	195	611	31.9
總計	8956	9370	95.6	4956	15136	32.7	1269	7546	16.8

這可見半世紀來蘇銷數量在外銷總額中所佔地位的重要。

推廣蘇銷的可能　蘇聯以及其前身——帝俄——素來是世界主要銷茶國家。直到最近，蘇聯還是世界茶葉底第三輸入國。現世界各國，其茶葉輸入量在十萬公担以上的，有英吉利王國，美利堅聯邦，蘇聯，加拿大自治領，葡萄牙共和國愛爾蘭自由邦等六國。從一九三三以至一九三八六年間，英國每年平均輸入茶葉二•二五七千公担；美國三八一千公担；蘇聯一八二千公担；加拿大一七四千公担；葡萄牙一二四千公担；愛爾蘭一〇六千公担。

表四：　世界茶葉主要輸入國底每年輸入量比較

（1933——1938；單位千公担）

國別	1933—38每年平均	1933	1934	1935	1936	1937	1838
英吉利王國	2257	2291	2303	2162	2185	2211	2390
美利堅聯邦	381	403	437	345	340	373	429
蘇聯	182	193	258	236	123	152	130註23
加拿大自治領	174	179	175	159	180	182	171
葡萄牙共和國	124	116	119	137	121	120	130
愛爾蘭自由邦	106	108	105	103	99	115	103

可是，近十年來蘇聯底茶葉入超數有逐漸減少的趨勢。一九二八——三二年的平均入超數爲一三四千公担；一

九三三年的入超數爲一九二千公担；一九三四爲一八六千公担；一九三五爲一五九千公担；一九三六爲六二千公担；一九三七爲九六千公担。在短短四五年中間，蘇聯底茶葉入超數減少了一半以至三分之二。

這自然是最近蘇聯茶葉生產量迅速增加而消費量尙未充分發展的結果。蘇聯底種植茶樹雖則早在一八九三年已經開始，但因先則受帝俄時代種種環境底限制，後又以忙於一面抵禦各帝國主義者底進攻，一面剷除國內各反動勢力，無暇顧及茶業。一直到一九二九第一次五年計劃開始實行後，蘇聯底茶業纔突飛猛進。在第一次世界大戰前，蘇聯每年僅只產茶三千公担。至一九三二第一次五年計劃完成，蘇聯茶葉產量增至六千公担。一九三七第二次五年計劃完成，更增至六萬八千公担。一九三八年第三次五年計劃開始復又增至八萬七千五百公担。預計至一九四二第三次五年計劃完成，蘇聯茶葉底年產量可增至二十萬公担。

但是即此產量還遠較其充分消費量爲低。蘇聯在第一次世界大戰前，經常每年須銷茶七十餘萬公担。它在一九〇九至一九一三年五年間每年平均輸入茶七十一萬五千公担。單單一九一三那一年它就輸入了七十五萬八千公担。預計中的一九四二年二十萬公担的產量還抵不到它第一次世界大戰前的進口茶葉量底十分之三。近年來它底銷茶量正在迅速增加。它一九三二消茶十六萬五千公担，至一九三八即增銷至二十萬公担。在它改善人民生活的整個對內政策，它底全國茶葉消費量必然會繼續迅速增長。現在它已一一收回它在第一次世界大戰後所失去的土地人口。而它全國一般人民底物質生活又遠比第一次世界大戰前爲好，茶素是它全國人民底一般嗜好品和必需品，它底茶葉消費必然在最近的將來就會追趕上第一次世界大戰前的數字而又超過之。它底產茶量雖在增加，但終於追不上它底銷茶量增加底速率。它底茶葉生產量在增大，而它底茶葉產銷不相抵的差額也在增大。一九三二它茶葉產銷相抵短一五九千公担；而一九三八則短至二一二千公担。

表五：蘇聯的產茶量與消茶量的比較（單位千公担）

年份	產茶量	消茶量	差額

			一二二
一九三二	六	一六五	一五九
一九三八	八八	二〇〇	二一二

蘇聯底改善人民生活的對內政策以及他底茶葉需要量底增大，又是我們可能爭取擴增蘇銷茶葉的第二個因素。

並且蘇聯自一九三四年起，已不僅是世界主要的茶葉輸入國，而且是世界主要的茶葉轉口國，它所轉口輸出的茶葉數量僅次於世界茶葉第一轉口國的英吉利。英吉利是世界茶葉底第一輸入國。第四輸出國；蘇聯是世界茶葉底第三輸入國，第六輸出國。印度，錫蘭，荷印，中國以及日本的大量茶葉輸出是完全依靠於他們的大量茶葉生產；而英吉利的大量茶葉輸出是完全依靠於它們的大量茶葉輸入；蘇聯雖亦有相當數量的茶葉生產，但主要地亦是依靠於它們大量茶葉輸入。英吉利的茶葉輸出完全是轉口；蘇聯的茶葉輸出也主要地是轉口。（附表見插頁）

外蒙和小亞細亞中亞細亞：帶肉食民族所需用的中國茶葉已很多年來都由蘇聯轉銷。同時蘇聯與北歐，中歐，南歐各國間也都保有良好的商業關係和便捷的交通關係。在這世界大戰正在擴大國際交通萬分困難的當兒，我們很可利用這關係以爭取和恢復保加利亞，羅馬尼亞，南斯拉夫，捷克，匈牙利，奧地利，瑞士，德意志，波蘭，挪威，瑞典，芬蘭等國底銷場。這些國家雖都不是世界底重要銷茶國，而且因受戰爭底影響，這些國家底銷茶量都在減縮，但是他們底銷數總額最少也不下於五萬公担（見表七），不能不說是一個很大的銷場。直接爭取蘇銷擴大卽就是間接爭取和恢復這些國家底銷場。固然一個國底商品由別個國轉銷給第三國，這一國底商業利益必受相當損失；但是在它要向這第三國直接運銷底必要前提還沒有完全具備，也還沒有辦法向這第三國直接運銷以前，他能設法間接地把握住這第三國底市場，總比它坐着看這市場爲其他國家底商品所吞併爲好。

表七： 可能由蘇聯轉銷國茶的南歐中歐北歐各國底茶葉輸入量

（1928——1938；單位千公担）

國別	1928－32	1933	1934	1935	1936	1937	1938

表六：　世界茶葉主要輸出國底輸出量和生產量與輸入量

(1934——1938；單位千公担)

項別	1934			1935			1936			1937			1938		
	輸出量	生產量	輸入量	輸出量	生產量	輸入量	輸出量	生產量	輸入量	輸出量	生產量	輸入量	輸出量	生產量	輸入量
印度錫蘭	2,445.1	2,832.9	13.8	2,419.0	2,751.4	22.6	2,396.0	2,782.0	18.0	2,464.4	2,918.3	17.5	2,668.8	3,139.3	16.1
荷印	642.4	712.9	9.7	656.4	714.2	5.9	685.8	755.8	3.9	667.2	745.2	3.1	719.2	809.1	2.8
中國	470.4	3,950.0	2.8	381.4	3,950.0	2.6	372.8	3,950.0	4.3	406.6	3,950.0	2.0	431.8	3,950.0	10.7
英吉利	304.9	0	2,303.1	326.7	0	2,161.5	320.9	0	2,184.6	31[illegible].8	0	2,210.9	299.8	0	2,389.0
日本(包括台灣)	236.3	552.4	4.2	255.4	563.1	3.6	257.4	588.4	4.8	347.7	669.0	5.5	269.5	457.2	0.4
蘇聯	71.9	16.5	258.1	77.5	31.8	236.4	60.6	49.2	122.6	55.7	68.0	151.9	—	87.5	—

保加利亞	0.52	0.15	0.24	0.35	0.40	0.36	0.30
羅馬尼亞	4.92	4.48	4.76	4.22	2.83	3.35	2.77
南斯拉夫	3.21	1.74	1.91	1.78	1.91	1.98	2.06
捷克	7.40	3.09	4.71	5.35	5.25	5.40	5.88
匈牙利	3.17	2.04	2.16	2.27	2.30	2.12	2.47
奧地利	5.74	3.34	3.68	3.87	3.63	3.42	4.23
瑞士	8.01	6.53	7.07	8.16	8.18	8.01	8.05
德國	54.50	40.91	48.38	44.48	44.75	51.45	54.28
波蘭和但澤	20.71	18.79	15.53	17.11	16.10	18.62	17.77
丹麥	5.92	6.18	4.82	5.89	4.91	5.21	7.48
挪威	1.76	1.65	1.72	1.63	1.54	1.83	1.71
瑞典	3.85	4.06	4.11	4.51	4.16	4.37	5.09
芬蘭	1.24	1.19	1.11	1.12	1.33	1.30	1.37
總計	120.95	94.15	100.20	100.74	96.29	107.42	113.46

現中國所輸入蘇聯的茶葉數量在蘇聯進口茶葉總量所佔的地位，以一九三四至一九三八五年總數而論，約佔百分之七十。蘇聯底現有的銷茶量固遠較其充分消費量爲低；但即就這現有銷茶量而論，中國茶葉底蘇銷數額，也還大有擴張的餘地，只要中國能有適切的爭取的方法。

表八：蘇聯進口茶葉總量中國茶葉所佔的比重（單位千公担）

年份	中國所銷蘇聯茶葉總量(一)	蘇聯進口茶葉總量(二)	(一)佔(二)的%

			一二四
一九三四	一五六	二五八	六〇
一九三五	一一六	二三六	四九
一九三六	九六	一二三	一八
一九三七	九九	一五二	六五
一九三八	一六六	一三〇	一二八
總計	六三三	八九九	七〇・四一

有些人或者以為中國茶葉底產製中心在東南，現在東南的重要海口都已被封鎖或佔領，茶葉出口困難異常，即就現有的蘇銷額數加以維持已屬不易，怎能再事推廣。但現在的中國茶葉出口，困難自然不免，但並沒有達到像所說的這樣嚴重。從杭州灣以到珠江口，迢迢數千里，日本始終還沒有能經常把他全部封鎖住。過去中國茶運的所以遲滯不能充暢，是完全由於國內茶運機構的不健全不統一以及茶運工作人員底積極性不夠所致。政府方面對於東南茶運雖已組織有手車隊船運隊，並購有一定數量的汽車。但因這些汽車和手車隊船運隊底直接主管人員不同，彼此不能聯合使用，不能充分發揮其効力。同為國營茶運機構，而持着不合作的態度。一方面接洽好了海輪等候裝運；另方面却不肯迅速交貨。一方面找到了一個出口地點，另一方面也擠着去，錯過時機，或者甚至遭受極大損失。照這樣分歧的茶運機構自然很難應付當前的局面。這不是東南海口的不能大量迅速運輸；而是茶運機構的妨礙大量迅速運輸。

蘇聯需購大量高級茶，我們應該加緊提高國茶品質，以提高茶葉售價，而減低茶運費用在售價中的比重。蘇聯需購大量茶末以製造磚茶，我們應該加緊磚茶製造，直接以磚茶輸出，以免茶末價廉體大增加茶運費用的負担。蘇聯茶師評定茶價往往與中國茶師意見相左，我們應該加緊中蘇茶師間的聯絡，在某種條件下，並可邀請蘇聯茶師直接參加茶葉收購工作，以減少許多無謂的糾紛。

我們應該盡可能地減低國茶底成本，提高國茶底品質以適應蘇銷底脾胃；不應該籍口於某種客觀環境的細小困難，而對於蘇銷茶葉取怠工留難的態度。這不僅對於中蘇茶葉貿易應該如此；對於一切對外貿易都應該如此。

總之，中蘇茶葉貿易，在一切方面，都沒有存在若何困難的問題；反之却存有許多有利的條件。只要我全國人士和茶葉界同人對於蘇銷茶葉有爭取擴大的決心，實不難大大增加，以恢復甚至超過過去的銷量。

五　華茶的對非貿易

考世界綠茶市塲，當推北菲和美國，尤以北菲為著，而其市塲的全部貿易，幾乎為吾國所獨佔。根據吾國歷年統計每歲輸往北菲的綠茶，計達二千萬磅以上，平均約值千餘萬元，亦可為大宗收入之一。歐戰發生以後，北菲戰雲瀰漫，貿易陷於停頓，國茶輸出受戰事及運輸影響，既受制於英倫，復喪失於北菲，良可慨嘆。惟念北菲向為吾綠茶的大好市塲，目下貿易雖無從進行，而研究討論，極有必要。

華茶進口數量　我國綠茶輸入菲洲的數量，在戰前五年，即自一九三三年至一九三七年間，平均每年約有二千二百二十一萬四千磅，在此五年內的輸入數量，均略見增加，惟至一九三七年因北菲農產歉收，土人購買力的減縮，致輸入數量略見低落，若使與一九三六年的輸入數量相比，有減少二百七十萬九千磅之數，由此可見華茶進口與當地農產豐歉有密切的關係，而吾國茶商忽略此點，致受損失者頗不乏人。戰事發生後一年，即一八三八年吾國輸菲綠茶仍在二千萬磅以上，至一九三九年則因受歐局影響，輸菲大減，詳細數字可看下表。

地別	一九三三年	一九三四年	一九三五年	一九三六年	一九三七年	一九三八年	一九三九年
阿爾級利亞 Algeria 突尼斯 Tunis	四四一九	五三八九	四〇六三	四六七五	四一七八	三六八九	一九九五
摩洛哥 Morocco	五四九七	一四九四二	一七五九七	一八八一九	一六五〇六	一六九八一	一〇四九二

一二五

的黎波里 Tripoli	二三九五	一九二七	九一二	二五	一〇六	—	九
合計	二二二五一	二二二五八	二二二七二	二三五一九	二〇七九〇	二〇六七〇	一二四九六

綠茶在北菲的消費情形　綠茶爲北菲土人的主要飲料每年消耗極巨，蓋北菲土人經濟力，大部薄弱，生活尤爲簡單，因綠茶價值較別種飲料爲賤，且泡製甚便，故土人日常生活，捨麵包而外，厥爲飲茶。又以土人，均信奉回教，教徒限於戒律，均不能飲酒，故茶可爲其替代品，基於上述各點，致北菲成爲綠茶的大量消費者。

菲洲土人既因經濟與社會情形特殊，茶葉乃爲彼等主要飲料，於是環境所趨，茶室與泡水店特別發達，其茶室的設備，雖遠不如吾國的精緻，然頗具東方色彩，茶室內置有地蓆，品茗者須先脫履方可入內，因室內無椅桌，故席地而坐，且各茶室大半兼營泡水業，其設備彷彿上海的泡水店。

土人的飲茶方法，尤與吾國迥殊，卽如泡茶一壺（約合吾國普通一盅的容量）須茶葉一公兩，而在泡製前須將茶葉用清水洗滌，再與約五公兩的白糖同放入壺內，然後始將開水冲泡，土人亦常有將鮮薄荷葉加入以佐味者，雖味較濃苦，但有多量糖質調和，其味亦覺可口，此種飲茶方法，亦別具風味，倘國人喜飲加啡可可的，不妨照這種飲茶法以代替，要亦挽回利權之道。

最近自一九三三至一九三七年的五年內，北菲綠茶消費量年有增加，（請參閱第二表）據確實統計，平均在五年內的每年消費數量，約有二千七百八十六萬九千餘磅，若以北菲人口計算，按照一九三五年國聯的統計，爲一千六百一十四萬五千人，則平均每人每年消費額祇有一·七磅强，因此吾國能利用完善的推銷方法與有效的宣傳，則北菲綠茶消耗，自不難繼續增進。

表二：最近五年來北菲各地綠茶消耗統計表（單位千磅）

地點	一九三三年	一九三四年	一九三五年	一九三六年	一九三七年

阿爾斂利亞 Algeria 突尼斯 Tunis	六四九五	六三〇六	五二八五	六三五八	七三四八
摩洛哥 Morocco	一九五五八	一七一八六	一八三七八	一八六九四	一九三七八
的黎波里 Tripoli	二九二六	三一七六	三四七七	二二一六	三〇六四
合計	二八九七九	二六六六八	二六九四〇	二七二六八	二九四九〇

表三：最近七年來我國綠茶輸出統計表（單位千磅）

年別	重量
一九三三	三六八二八
一九三四	三三四六四
一九三五	三三九五三
一九三六	三四三七七
一九三七	三三九五三
一九三八	五〇八五四
一九三九	三〇六一二

表四：最近五年來北菲消耗量與中國綠茶輸進比率

地別	一九三三年	一九三四年	一九三五年	一九三六年	一九三七年
阿爾斂利亞突尼斯	六八·一%	八五·二%	七六·九%	七三·四%	五七·七%
摩洛哥	七九·〇%	八七·一%	九六·四%	*一〇〇%	八六·二%

一一七

的黎波里 八一•六% 六〇•六% 二六•三% 一•一% 三•五%

註北非輸進綠茶間有一部分轉別處故比率有超過一百之數

表五：北非最近七年來輸入我國綠茶比率表

地別	一九三三年	一九三四年	一九三五年	一九三六年	一九三七年	一九三八年	一九三九年
阿爾欽利亞 Algeria							
突尼斯 Tunis	一九•九%	二四•二%	一八•〇%	一九•九%	二〇•一%	一七•八五%	一五•九七%
摩洛哥 Morocco	六九•四%	六七•二%	七八•〇%	八〇•〇%	七九•六%	八二•一五%	八三•九六%
的黎波里 Tripoli	一〇•七%	八•六%	四•〇%	〇•一%	〇•五%	—•—%	〇•〇七%
合計	一〇〇•〇%	一〇〇•〇%	一〇〇•〇%	一〇〇•〇%	一〇〇•〇%	一〇〇•〇%	一〇〇•〇%

華茶銷非種類和品質 我國綠茶銷非種類以壽眉珠茶及珍眉爲大宗，其餘種類不一，至銷非茶葉的性質，通常以中下級茶銷路最佳，蓋非屬土人生活，清苦者居多，故上級茶葉銷量較爲低落，又與當地農產物收穫有密切關係，因土人大半務農爲業，如年歲豐收，經濟充裕，則購買力隨之增進，較好的各級茶葉銷路自佳，若農產歉收則適得其反，其餘如華茶價值的貴賤，亦有相當關係，如茶價低落則上級茶的銷路易增，若茶價昂貴，則中下級茶葉的去路更暢，此乃不易之例。

北非茶商概況 北非茶葉市場，幾爲猶太商人所操縱，雖法人也有經營茶葉的，然爲數甚尠。至我國商人直接在非推銷者，僅汪裕泰一家而已。數年前滬源豐潤茶號曾派員到非，亦想進行直接銷售，但後因環境關係，沒有如願。前年中國茶葉公司爲推銷茶葉，曾到各重要市場，如加市布朗加(Casablanc)亞蘭(Oran)亞叙爾斯(Algers)等地，分訪各該地著名茶商，且對於中茶公司直接推銷計劃也有商洽，惟後因中日戰事發生，茶葉來源驟然減少，致訂對非直接推銷計劃，未得按照程序進行。

加市布朗加埠的主要進口茶商，以(一)Toledano and pinto(二)Toledano bros(三)Noses assyac(四)Ben azeraf等四家爲最著。因其都屬猶太人所經營，故資本甚爲豐富，營業亦頗廣濶，而以第一與第四兩商行爲其中翹楚，以其內部組織及營業方法，均較新穎。此外如第三商行則仍不能脫舊式商人習慣，店中一切重要事務均操諸Teledano兄弟兩人，蓋重要職位，向不雇用外人。至於第三商行的組織及經營方法，尤較陳舊，其店中一切事務，簡直由Assayac一人兼理，於此可見舊式商人世襲性的一斑。這四家中的規模最大的，爲Toledano and pinto。其中的重要職員，均有姻親關係，并悉該公司初從Toledano bros拆夥出來者。

北非交通不便，茶葉運輸以騾馬爲主要工具，故我國綠茶銷非包裝，每箱重量僅及十公斤，實取其輕便而使騾馬等易於負載。

非洲進口茶商，十餘年前多間接向倫敦茶商訂購，惟近年來則向我國直接採購，以前我國茶商未敢直接銷非，亦有特殊原因。蓋非洲倉庫設備頗爲缺乏，（棧租頗高，且爲限制貯貨太久起見，租金依貯貨的時間而遞增，而貯貨太久，則租錢遞增若干成，以示限制，而使貨物得以流通）而商人殊無信義，俟茶葉到非後，輒因細故，或誣以茶樣不符藉口退貨，國內茶商既無駐非代表，據理力爭，復以倉庫缺乏，無法將茶妥存，候善價而沽，結果祇有出諸貶價銷售一途。惟照目前而論，倉庫設備已較前完善，商人道德也見進步，此種惡習，大爲減除了。

我國綠茶品質的優越，向來著稱於世，尤加行銷非屬，歷有年所，因此該地土人嗜飲華茶，浸成習慣，一旦欲改其口味，亦非易易，故日茶雖在積極推進之下，僅能於的黎波里（Tri-poli）埠立足，但非屬最大市場的摩洛哥，終無法侵入。惟戰事以還，因交通梗阻，運輸艱難，茶葉來源，大見減少，即使轉運出口，亦以成本增高，價值較往年昂貴，是以外銷方面，已較平時不易。

日本對於啓發海外茶葉銷路，向在積極進展，而以素由中國獨佔的非洲市場、尤爲彼邦所矚目。近年以來，日茶商賴政府的策動，曾迭次派遣專員至非屬一帶，作精密的調查，并廣事宣傳。以調查所得，一九三三年華茶輸入的黎波里（Tripoli），約有二百九十二萬六千餘磅，殆至一九三六年，已降至二萬五千磅。

非屬最著的市場，當推摩洛哥。日本爲促進在非商業起見，現已增設領事商務專署於摩洛哥的加斯布朗加(Casailanca)，并有三井洋行與日本郵船會社，均於該埠添設辦事處，藉使日輪裝載貨物，往來航運，當時（一九三七年）駐非日領，亦正在籌備日本商品展覽會於摩洛哥，以謀增進在摩貿易。

華茶市場，備受到威脅，已如上述，而法屬安南茶葉，近年來的活躍，亦不可漠視無睹。雖目前安南茶輸非數量，並不鉅大，然法政府對於茶葉，亦甚注意，且謀積極擴展，於數年前曾派員來華研究我國製茶方法，且對於吾國綠茶銷非性質，更加詳細探討。是以安南茶質，日見改良，尤以法國對其殖民地，向有特惠的法令，所以安南茶運銷非境，自較他國爲有利。照歷年輸非數量，已較前漸有增加，倘產量繼續增進，則我國茶非洲市場又多了一勁敵。

非洲茶市於我國綠茶對外貿易關係的巨大，已見上述，故此項市場應有維持與擴充的必要。如北非貿易仍可恢復常態，則吾國對非市場應採取的政策爲：

（一）第一步維持現有市場的地位，使華茶輸非出口數量不致續落。

（二）第二步擴充現有市場的營業，與發展新市場。

（三）我國政府應派商務專員，常川駐非積極推進貿易，并研究當地市場的需要，以指導國內商人，對非推銷的途徑。

（四）在直接對非貿易基礎未穩固以前，不必求爭一日的長短，或片時的聲譽，致激起洋商的反感，而妨礙計劃的進展。

（五）促進華茶出口商行的聯絡，并在非設立聯合辦事處劃分推銷範圍，藉圖逃免自相競爭之弊。

六　邊茶的貿易

華茶除內銷茶與外銷茶外，並有所謂邊茶。邊茶卽銷於邊省的茶葉之謂；凡銷於蒙古，綏遠，熱河，察哈爾，新疆，青海，西康，西藏等邊省的茶葉，都叫做邊茶。這樣說來，邊茶實屬於內銷的範圍，爲什麼特有邊茶的稱謂呢？倘若單以邊省的地域爲區分邊茶的標準，未免過於抽象。有人說，邊茶原於茶葉品類的不同，有所謂「磚茶」，「茯茶」與銷於康藏的「邊茶」等名目。但這非問題之中心，內銷茶與外銷茶的品類，亦多有不同。那末，邊茶的特質是什麼呢？第一，邊茶的消費區並非茶葉的生產區。從自然地理上看來，北起蒙古，經新疆，青海以迄西南之西康，西藏等省，都是茶的消費區，同時也是不產茶區。這意味着什麼呢？卽西北與西南各不產茶邊省對於腹地各產茶省有經濟上的依存關係。第二，邊茶的消費者概爲少數民族。茶葉一方面對於氣候乾燥與依牧畜爲生致使缺乏維他命C的高原與沙漠民族，成爲日常必需品，一方面對於以「禁殺戒酒」「定心精神」爲教條而要求一種有益健康的飲料品的佛回等宗教民族，也結了不解之緣。但由於地理的限制，這些極需茶飲料的蒙藏回等民族的居留地，恰是不產茶區，於是茶天然成爲聯繫漢民族與西北西南民族的經濟紐帶，並含有政治上的作用了。茶雖是中國腹地產物，而飲茶之風，約自五世紀（北魏）以來，便逐漸而且普遍的傳到西北與西南民族，很早成爲國內及世界的重要商品，並構成中國經濟與政治上的特種因素。也因而自唐宋以來，茶與鹽相同，遂形成中國專制大帝國獨佔貿易政策的基礎，且進一步成爲西北與西南民族的有力外交工具了。

我國歷代對於邊茶問題，千餘年來，從未等閒視之。故便在此。由於歷代銷於康藏的川康邊茶爲邊茶的主體，現所論列，也以川康邊茶爲中心，卽所謂「狹義的邊茶」。

一般貿易情形　我國歷代對於邊茶經濟與行政，究竟採取的是什麼政策，並且又有怎樣的具體設施，這裏略有申述。

我國始徵茶稅，遠在一千一百六十年前，卽唐德宗建中六年（西曆七八〇年）。到文宗太和九年（西曆八三四年），推行了千餘年的茶葉政府專賣制，所謂「榷茶」，便創始了。辦法是把民間的茶園，給值由官家經營，所製的茶，叫做「官茶」，經商人出售；對於商人或民間出售私茶，都嚴加禁止和取締。唐代創制，宋金元因之，並加以完成；雖然這中間不無若干變化，甚至在短期間有趨向自由販賣的若干擺動；但大體看來，唐以後的專制大帝國，無不亦步亦趨的緊握着這個武器，來豐裕他們的財源並鞏固他們的統治。由政府對內銷茶的專賣，走向政府對當時外銷茶的專賣，是很自然的步驟；而且由於西北和西南民族對茶龐大的需要，這個對外銷茶的專賣比對內銷茶更爲堅定與嚴厲，那也是沒有疑問的。這個由「榷茶」演變出來，在海禁未開以前的對外銷茶的專賣，構成以往邊茶經濟與行政的核心的，便是「茶馬政策」。自宋神宗熙甯七年（西曆一〇七四年）·李杞入蜀買茶至「秦鳳熙河博馬」，到淸康熙七年（一六六八年）撤茶馬御史，舊甘肅巡撫兼理（以後因貨幣暢行·「以茶易馬」的以貨易貨方法，漸趨衰替），這個政策整整推行了六個世紀。這個茶馬政策，當時顯然於經濟的意義（政府獨佔並專利茶貿易，以豐裕國家財源）之外，並有政治上與國防上的重大作用。在政治上，正如史論家趙翼所說：「中國隨地產茶，無足異者，然西北遊牧諸部則恃以爲命，其所食羶酪甚肥膩，非此無以榮衛。自前明設茶馬御史，以茶易馬，我朝又以撫馭之資，略爾咯及蒙古回部，無不仰治。」在國防上，火器發明以前，馬是主要武器之一，而茶不過是一種消費品，我們拿一種消費品來換取與軍事有重大關係的邊徼名馬，同時又用以抵制這些以馬爲主要武器來侵略腹地的外族，不唯有戰術的意義，甚至於有戰略的意義了。宋徽宗時程之邵嘗議馬政：「戎俗食肉飲酪，故茶貴，而病於難得，願禁沿邊鬻茶，以蜀產易上乘，詔可，未幾，獲馬萬匹。」當時用茶換馬萬匹，在戰術上，是不啻今日千百輛唐克車或千百架飛機了。但在封建官僚政治下，茶官管理產銷，舞弊營私，弊端百出，又加茶禁苛急，私販猖獗，不唯病民，且以禍國。由北宋厲行苛酷的專賣制（榷茶），來供應北方民族的歲幣，因使南方疲憊，致有因茶政失敗而亡國的話。於是到元始創「引法」，明淸因之，演變爲「引由制」。辦法是商人輸錢官府領「引由」，持「引由」向園戶購茶，運茶出口，須憑票截驗，卽可直接售茶於外族；而茶馬貿易，也因貨幣盛行，番僧走私，致統轄棘手，並採取了「引由制」。什麼叫做「引由制」呢？直截了當的說，不過是一種商人包稅制度罷了。這一包稅制度所招致的後果，後面再詳論，且說牠由淸沿用到民國初年，內地才行廢止，而銷售康藏的邊茶，直到今年，仍然爲新建的西康省政府所不願捨棄，這不能不引起國人的特別注目的。

無論「榷茶」也好，「馬茶」也好，「引茶」也好，都是站在茶葉獨佔貿易的立場上，來加強外族對漢族的經濟依賴關係，俾可達到政治上的統御目的。對於西藏政治深有研究的英人洛斯特霍倫（Rosthorm）曾說：「國家不可缺的食糧品鹽或茶，若僅有一國佔有其供給，就成爲該國維持其對本國政治勢力的有力權衡。不知其是否明此原則，但中國似乎依此而決定歷代的政策。中國人對於西藏人，並不無理强迫他們買自己的茶，只在邊境市鎭上，把西藏人買茶的事當作一種特權而讓與他們……中國人不像我們（按指英人），他們並不把茶過剩的給與屬國，而毋甯以限制供給，永使其在需要以下爲常。中國如此重視這一重要食品，在政治意義上是決不可輕視的問題。」（見吉達編譯，「茶與文化」）這是十九世紀末英人的觀察。按康藏很早便是茶的重要消費地，而川茶（今日的川西康東，所謂川茶指雅甯各屬產茶區未劃歸西康以前）又是康藏的主要供給地，英人自印度總督海斯丁（Hastingo），就明白此中情形，計劃拿錫蘭茶與印度茶，推銷西藏，以爲其政治企圖的先導。但終以藏人不喜印茶（他們已習慣川產的所謂「邊茶」），英人的企圖，直到十九世紀末，尙無結果。洛斯特霍倫且認爲是英國茶葉强銷政策的失敗。

但是二十世紀，尤其是最近數年以來的情況呢？我們可以先從邊茶對康藏的銷額的增減上，加以考察。我們在這上面雖沒有可靠與完備的數字徵引。但據土寅生先生的研究，由淸末到民國二十四年之邊茶引額，尙能保持十萬張以上；二十五年卽減爲六萬九千張；二十六年後，因康藏持以購茶的土產無法銷售滬漢，邊茶貿易，幾至停頓；二十七年政府竭力挽救，仍不過出引三四萬張；二十八年和二十九年，恢復至二十五年之數——由此引額遞減上，不可以窺見此中的消息，再證之劉軫先生的調查，雅安茶葉之康藏銷量，淸末民初爲三十餘萬包，今日約減至三分之一以上，與上列減額相較，大體尚爲符合。如謂上列數字尚不能窺見川康邊茶推銷康藏的眞相，則可進一步考察康藏銷茶總額的比例；據近年來的調查，印茶約佔總額十分之四，滇茶十分之五，川康茶僅佔十分之一；以往川茶獨佔康藏市場，今獲取如此之結果，則不能不爲之驚歎了！又去年川康建設視察團的報告上也說：「最近印茶侵入西藏，我國川茶漸受威脅，茶商故步自封，且多不重信義摻雜混假，所在多有。故川茶運藏，聲譽日墜。頹勢不加挽回，實屬不堪設想。」千餘年來，四川邊茶爲漢藏兩族的强固經濟紐帶，今已藕斷絲連了。我們知道藏人本不嗜印錫茶，英人幾乎用了半世紀的力量，慘淡經營，才獲取今日的結果，而且經濟的紐帶一經增進，政治的羈絆也隨之加強，這已成爲有目共覩的事實。

招致失敗的原因，那情由當然是相當複雜的。癥結的所在，追求到最後，不能不歸咎漢族歧視少數民族的心理。這種心理自然不是一天造成的，圍繞着漢族的高原與草地的遊牧部族，因自然的壓迫與物資的限制，不斷的侵掠安居腹地的農業的漢族，因而這兩種民族的鬥爭與同化，便造成了中國歷史的骨幹。所以攘夷，羈縻，撫馭的觀念，貫徹了數千年來漢族封建專制帝國對少數民族的政策。趙翼以茶馬政策爲對邊族「撫馭之資」，洛斯特霍倫謂中國把茶對屬國作「限制供給」，以爲維持政治勢力的「有力權衡」，都是這個政策的說明。這個政策或有其歷史的必然性，但在二十世紀，全世界政治與經濟的局勢都已根本改觀，倘再因襲此種心理與政策，則沒有不僨事的。近二三十年漢族與少數民族的隔閡，尤其是與藏族政治脫節的傾向，除下經濟的聯繫削弱外，這種歧視少數民族的心理與由以固守對少數民族的傳統政策，要不能不負最大的責任。其次，招致失敗的另一癥結，在於我與少數民族的經濟關係，一任其自然的與混亂的狀態。今日漢族少數民族的經濟關係，由歷史承受兩種：一種是超經濟的關係，如貢賦與奴役，一種是商業資本的經濟關係，如邊地漢夷貿易。第一種經濟關係，我們不能說當前已完全不存在，想固持這一關係的漢族的官吏豪紳，也不乏其人，但畢竟已失去其重要性，可勿具論，第二種經濟關係是當前漢族與少數民族間的主要的與支配的經濟關係。這一經濟關係又有兩種形態：一爲邊地的漢夷自由貿易，這是較廣泛的商業關係，一爲在政府管制下的漢夷貿易，這是特種的商品交易如茶葉是。但後一狀態，如銷售康藏的邊茶在官准商辦的「引由制」下，事實上仍是商業資本的經濟關係。所以兩個形態在本質上是相同的，但是這種商業資本的經濟關係，在較進步的漢族經濟與較落後的少數民族經濟間，能發生什麼作用呢？我們知道商業資本的性質，除下前者對後者的巧取豪奪外，決不能促進生產資本的發展。今試分析西康省政府襲用的「引茶制」，以爲驗證。作爲商人包稅的制「引茶制」，其主要目的在政府獲取定額稅收，對於領引商人用何種價格向園戶購茶，以及用何種品質和價格出售於康藏商人，都非其所欲過問。而商人賺錢，賺大錢是天經地義，他們勢必儘量壓低茶價收茶，致茶農受他們過分的剝削，以根本打擊茶的生產。據劉軫先生估計，邊茶生產量的減縮，其迅速至堪注目。就雅安而論，民國元年年產量爲四萬一千担，至二十七年僅有二萬担，竟減至百分之五十八。至茶商收茶經廉價加工後，卽儘量以高價，售與康藏商人，致轉嫁於康藏的消費者，以加重他們的負担。事實上怎樣呢？前年西康省銀行聯合數大茶號，合組康藏茶葉公司，向西康省政府獲取引由和獨佔邊茶的貿易權，因操縱過甚，處置失當，致釀成藏商欲與漢人斷絕交易風波。至於在茶商製造下的邊茶品質，與他們的商業行爲，川康建設視察團已公然指出「茶商固步自封，多不重信義，攙雜混假，所在多有」。更有進者，川康邊茶在康藏市塲上失去競爭能力的另一要因，爲運費過昂，約爲產製成本的二倍至四倍；而運費過昂，則原於康藏高原之崇山峻嶺的原始交通；但只求急切近利的商人，除將其昂貴的運費轉嫁康藏的消費者或竭力榨取從事背運的力役者外，決無力量與遠見，來開闢康藏交通並改進運輸工具。

對邊茶改進意見　近年來中國茶葉改造運動，根據吳覺農先生的貢獻，當循下述三時期進展：（一）民營管理時期——此期由人民經營，由政府管理並限制運銷各部門。此爲茶政推行的初步，於戰前已完成此階段。（二）國有民營時期——此時期雖仍由人民經營，但外銷茶統由政府收購推銷，實質上已屬國有。（三）國有國營時期——此爲茶葉政策之最終目的，凡產製運銷統由國家經營。當前茶葉工作，第二時期業已完成，現正當由第二時期進向第三時期之階段。邊茶現狀既落後與混亂，其經濟與行政措施，今日當須合第一與第二兩時期的工作一并完成之，我們試高瞻遠矚民族間政治與經濟之總目標總政策，針對當前邊省政治與經濟的現實，參證內地一二兩時期的茶政成果，提供改造邊茶的具體實施方案：

（一）由政府建立邊茶的新結構予以管制經營　改造邊茶的要着，首在廢除邊茶引由制，並取締商人與資本家對於邊茶貿易的壟斷。一方面由中央機關或貿易委員會統籌川康邊茶的產製運銷方策，一方面由川康省政府創立邊茶管理機關，切實負責執行。在業務方面，按當前情勢，或交中國茶葉公司經營，唯必須在貿易委員會督導統御下。此種改制之精神，一方在使地方政府，商人，資本家之利益，從屬於國家與全民族之利益；一方在將邊茶的自然與混亂狀態，走上計劃與管制之途徑。在必要時，中央機關或貿易委員會，可咨請蒙藏委員會或西藏政府，請藏族提出要求意見，或徑由漢藏兩族組織邊茶經濟委員會，經常保持密切接觸，而謀不斷的改善。

（二）增加並改進邊茶生產　川康邊茶有西路與西南路之分。西路邊茶中心區爲川西北之灌縣，安縣，北川，平武等縣，運銷松潘，理番，懋功等邊地的番人。據鄭厚川氏調查，清代年發茶引三萬六千張，每張計發茶一担，共三萬六千担；今年調查，約產茶三萬二千担，多年來卽未增加。以往因限制運額與品質劣敗等故，致獲此果，今如充足供應並發展西北邊茶銷路，則現產量必須大加擴充，南路邊茶中心產區爲川西之邛崍，名山等縣，康東之雅安，滎經，天全，蘆山等縣，運銷康藏。此區因銷量銳減品質日下等故，致產量萎縮；僅就西康雅安等四縣所產，年約五六萬担，絕不副向康藏大量推銷之用。且現佔康藏茶銷總額十分之五的滇茶，品質優異，出口便利，可改製外銷茶，應將此川康邊茶舊市場，歸還川康；如此，勢必更加擴大川康茶之要求。因而增加並改進川康邊茶生產，當爲擴充西北市場與恢復康市場之第一步。實施此一任務之主要步驟：（甲）整理川康邊茶舊茶園。將川西北，川西與康東各舊邊茶區之茶園，擴大整頓，廣植茶樹。（乙）開闢邊茶新茶園，川康天時地利，宜於植茶的區域，極爲遼濶，如康省之西南部，毗連印度之主要產茶區，極適植茶，因隔於以往瀘定橋以西禁種之令，任其廢棄；今急應取消禁令，鼓勵人民並由政府開闢新茶園。（丙）集中力量，作大規模之經營。種茶方面，對於以往散亂茶株，零落茶園之農村副業式經營，應加以集合，並使之專業化；製造方面，對於以往因陋就簡之手工業作坊式經營，應加以推進，並使之工業化；俾便於儘量應用科學技術與新式機械。(丁)實行輸出檢查制。凡輸出茶之質量，均經釐定標準，於出關時檢驗；如不合規定，得禁止其出關。(戊)改良邊茶包裝。茶商收進茶農初製之帕茶(按即毛茶)，經再製爲包茶(按如外銷之箱茶)，以及包茶在康定起運前之改裝，都須加以改良，以適於長途運輸並合於藏人及消費者心理爲準繩。

(三)由政府貿易機關統購統銷，此爲當前邊茶新政的中心工作；第二時期國家管制之强化，即由此表現。舉凡控制邊茶生產數量，保障茶農利益，穩定邊茶市場，提高邊茶品質，減輕藏人負担等，都寄於此一工作之貫徹執行。參照貿易委員會在東南產茶省對外銷箱茶購銷辦法，無論川康公私茶廠製就邊銷之包茶，統由政府貿易機關收購運銷，絕對不得私運私售邊省。一方面，由政府規定包茶之最低價格，保障茶廠什一之利，使茶商無虧折之虞；一方面放發低利貸款於製茶茶商，以活動金融，並踏上茶葉定貨制度之楷梯。如此市場既有保障，則可收刺激生產之効。關於茶商收購帕茶山價，政府可就茶農生產成本，加以規定，使商人依規定納價收茶，以維護茶農利益。統收以後，繼以統銷，此爲當然之程序。今後政府即可直接售茶，康藏商人或康藏消費者，於是中間商人之操縱剝削與轉嫁，自可一掃而空，生產者與消費者中間的關係，益趨直接，而兩受其益。同時政府收購包茶，定有質量標準，如有不合，政府自可拒絕收購，如此且可期邊茶品質之改良。所以邊茶之統購統銷工作，方策似簡，效用實宏，是爲計劃經濟的入門，國家經營的初階，改造少數民族間經濟關係之橋梁。

(四)放發生產貸款保障茶工生活，發展新政之進一步的開展。邊茶統一購銷，雖可減少各種剝削與轉嫁，但對於茶農茶工之利益，並無直接之保障。在茶農方面，雖可由政府規定帕茶最低山價，不過由於川康茶農素受茶商高利貸資本之控制，茶商仍可以低於規定價格或其他不正當買賣方式買茶。因此低利發放茶農生產貸款，將茶農由高利貸資本解放出來，爲維護茶農利益之直接辦法。在茶工方面，當由地方茶管機關，規定最高最低工資及一定之生活待遇，督導茶廠履行。再進一步的開展爲辦理茶農合作社，由政府貸款並供給新式設備與技術指導，使茶農能利用合作社組織，精製包茶，以取得較高利潤。同時加强茶廠管理，將前此製造貸款，改爲茶廠投資，使之成爲官民合營，以增進邊茶質量並改善製造者之生活。至於創辦公營或國營茶廠，則爲邊茶新政開展至最後與最高階段，一方面應用大規模機械化之製造方法，減低成本並改良品質，以與印錫茶競爭；一方面由國家的力量，消除壟斷，調整供求，以平衡川康生產者與康藏消費者的利益與要求。

（五）開闢康藏交通與改進運輸工具，此爲改造邊茶問題中最困難之一環，也是最重要之一環。邊茶運輸由雅安到拉薩，中經五千餘里之原始交通，由雅安到康定五百里，人力背負，由康定至拉薩四千九百餘里，則僅由犛牛載運，所經或則崇山峻嶺，或則崎嶇羊腸，且須跋涉於萬尺以上之雪頂，而到達時期自十個月以至一年。因此邊茶運費，上已言之，約爲產製成本之二倍至四倍。而獲此結果，尚由刻酷榨取轉運脚力之故。此種運茶之「背子」，其待遇之苛，工作之艱，生活之苦，均爲人世所罕見。但就此無情掠取脚力之運價，欲與大量生產與現代交通之印錫競爭，仍屬相去過遠。故開闢康藏交通與改進運輸工具，當爲治本之圖。但在所謂「世界屋脊」的毗隣之康藏高原，興建現代化之大規模交通工具，决非我國國力可以立予實現。因之王寅生氏的治標辦法，暫時可以採取。王氏說：「如欲恢復川康邊茶在藏衞之銷場，必首須減低其運費。由中央與地方當局協力統籌。在金沙江以東組織運輸隊分設運輸站，以利茶運；在金沙江以西由政府津貼特定藏商，使彼負責運銷，並担任其運費之一部或全部，總使西運邊茶，不因運費之重負，而減少其與印茶之競爭力爲度。」（見所編著「西康茶葉」）至於根本與建康藏現代化交通，終爲强化漢藏政治與經經聯繫的必要條件，改造邊茶，不過是聯帶的事件。

七　華茶的傾銷情形

茶葉爲吾國特產，係出口主要商品之一。戰事以來，以其能換取外滙，在國際貿易上，愈顯其重要的地位。考輸出的國茶，除供給英美俄非及近東諸國外，幾遍及六大洲的僑胞。二十年前，供給僑胞的茶量，曾達六十萬件之譜。近年來因我國茶葉，內以墨守成規，固步自封，外加印錫荷印台灣的茶葉勃興，南洋各屬的土著多自植茶樹，國茶僑銷，遂有逐漸衰落趨勢，南洋僑胞集中各地，以馬來亞銷茶爲最多，年約二十餘萬件，越南次之，約十餘萬件，泰國荷印緬甸及非律濱亦各銷萬件至數萬件，其由香港轉口者，爲數尤多。自戰事起，因運輸困難，華茶輸出頗爲不易。歐戰繼起，外銷市場更覺狹窄。

按茶葉銷售南洋各屬，其屬吾國所產的，大都來自閩粵滇三省及一部份的浙皖茶葉。此外亦有來自南洋本地及錫蘭所產者，例如爪哇茶，錫蘭茶，及馬來亞，緬甸，越南的土茶，以及日台所產的。僑銷的華茶，以閩茶爲主，粵茶次之，浙之溫紅及龍井，滇之普洱及士茶次之，如以茶類或產區言，則可分爲下列三大類：

(一)閩省青茶　閩省青茶，產於閩南閩東閩北各縣，而以閩南安溪爲中心。市上素聞的鐵觀音，烏龍，水仙，鐵羅漢，白毛猴，等名茶屬之。青茶爲閩之特產，每年產額約十二萬箱，除內銷漳，泉，湖，汕各屬約三萬箱外，其餘均係運往南洋各屬華僑居留地帶，尤以馬來亞爲最多。

(二)粵茶　粵省茶葉主要產區有三：卽鶴山，清遠，羅定等縣是，年可產五十餘萬箱。(三十萬市担)鶴山所產的古勞銀針爲最著名，其次有大三青等品名，清遠所產的清遠茶，尤爲著名，並有新舊之分，羅定所產茶，有西青士青六堡等名稱，所謂西青卽係西江綠茶，士青爲士製的西青茶，其品質均甚佳。此外連縣產有粗青，小杭產有老青茶，肇慶產有肇青，肇紅，四會產有六堡茶，沙源產有惠青，饒平產有饒青及小丈茶。戰事以後，因閩茶來源不旺，南洋僑商頗多採購粵茶。

(三)滇茶　雲南茶葉年產約七萬餘担，合於泰國，緬甸，安南，香港南洋之僑銷，約數千担。散居南洋各地之粵屬僑胞，皆喜飲滇省舊法所製之普洱茶。

此外浙省之龍井溫紅及皖省之六安茶，均屬佳茗，以價值較爲低廉，合於僑胞中之勞働階級，故銷路頗暢。

華茶運銷南洋各屬，過去大都由僑商自行經營，戰後茶葉經指定爲四大統銷物資之一，故已統制之例。惟南洋各屬僑銷茶葉，仍可結滙出口。祇以海上封鎖，運輸困難，向以福州廈門爲輸出樞紐的閩青茶，不得不集中隱約地帶搶運出口。經營閩茶之僑商，資本雄厚，規模宏大，在內地設有茶廠，在南洋設有茶莊，經辦茶葉產製運銷業務，其中以安溪幫爲最多，勢力亦大。粤茶輸出，以往均由廣州汕頭經香港轉口運銷南洋，戰後廣汕相繼淪陷，而粤省密邇香港澳門，過去已多走漏，戰後走私之風，益形猖獗，滇茶以地隣緬越，僑銷茶葉均沿滇仰綫，滇泰線，滇越線輸出，最近泰越相爭，運銷更覺不易。滇緬路雖重開放，仍不能減少茶運上的困難。綜觀目前運銷情形，供應實難如意。故今日南洋各屬之華茶來源殊爲缺乏。

據專家意見，對發展華茶僑銷，無論平時戰時，均宜針對弱點，設法改進。擇要言之，不外下列幾端。

（一）產製方面　茶葉之品質和產量爲發展對外貿易的基礎，故品質固宜加以改善，產量尤應求其增加。蓋改良種植，增加生產，可以減輕成本。如閩省青茶中的烏龍，水仙，鐵觀音，大白茶等，皆爲名貴的變種，確用無性繁殖方法，以固定其特殊性狀。又其製造方法，亦隨品種，氣候，產地，成品種類而異，其揉捻醱酵程度，如武夷之單叢巖茶，採自一叢之鮮葉，單獨製造而得，裁製方法，可謂講求精至。惟因產製量少，而費工特多，適於研究而不適於大量生產及爭取市場之用。宜指定名山，精工製造，以保持原有聲譽，而開闢大面積的茶園，選植名種，大量採製，使成品質整齊成本低廉的產品，一面提高山價貸發獎金，獎勵生產，以供大量推銷。次言粤茶，粤省清遠青茶，茶農純用舊法製造，致粤省茶產多未能對外推銷，如採取合作社方法，由該省茶政當局，領導茶農組織合作社，一面予以貸款，一面予以技術上的指導，則不但收獲當可大增，品質亦不難改進。他如滇省之滇紅，品質優良，頗似印錫茶葉，祇限於產量，不足以言推廣，亦應於滇省廣闢大面積茶園，設立茶廠，以求增加此品質優良的茶葉產量，惟開闢茶園，資金浩大，似宜聯絡各省已有設廠的僑商，合資經營，則輕而易舉。

（二）運銷方面　目前運銷困難，供應不易，致南洋各屬，需要華茶綦般，而市價尖俏。據最近可靠報告，閩省水仙烏龍等價高出國內六七倍以上，在此供不應求狀況之下，混用品及代用品勢必應時而生。如長此以往，飲者習慣逐漸改變，則華茶僑銷之地位將爲所動搖，故目前最要之對策，厥爲集中運輸，充分供給，應以政府力量，將僑銷各茶通盤籌劃，判其需求緩急，分別向產地儘速搶運，同時加緊緝私，集中外匯。再走私茶葉，品質多劣，予僑胞以不良印象，尤應嚴予防範。

又國茶過去推銷南洋各地，因無整個推銷機構，致推銷程序上，不免發生許多困難。嗣後應符合統銷之宗旨，採取集中推銷辦法，儘先創設推銷機構，於僑銷茶區域之重要商埠。茲僑銷茶葉特許結匯出口之際，竊以爲最經濟之推銷方式，莫如與僑商合資經營，如是一面可鼓勵僑商投資，一面可減輕國庫負担。待有資本雄厚之機構，并取得僑商之合作後，此發展華茶僑銷的工作，即可順利推行。或謂僑銷茶既可特許結匯出口，而出口時又須經茶政機關鑑定，法已至善，何喋喋於機構之另立。查此項鑑定辦法，在出口以前，堪稱嚴密，但到達以後，則無法統制，難免不發生流弊，爲求澈底管理計，不若於南洋各屬重要地帶，設立華茶管理局，有似印錫日台之在重要商埠設立的茶業推廣局，專施管理推廣及調查之用。這樣則僑銷茶出口，事前事後，就有嚴密的管理，而推廣發展，更可順利進行。

八　歷年出口數量統計

第一表　歷年各種茶出口數量　　單位：公担（1868——1940）

年份	總計	紅茶	綠茶	磚茶	其他茶
1868	871.424	711.089	119.690	32,140	8.505
1869	924.403	733,896	140 974	44.464	5.069
1870	827.989	650.257	137.578	38.038	2.116

1871	1.015.049	823.411	140.686	50.675	277
1872	1.073.246	858.905	155.107	58.660	574
1873	978.182	770.643	142.375	64.912	252
1874	1.049.535	873.467	128.719	45.230	2.119
1875	1.099.742	870.058	127.176	100.939	1 569
1876	1.066.129	855.988	114.737	93.107	2.297
1877	1.155.103	938,899	119.459	89.393	7.352
1878	1.148.469	917.840	104.523	117.497	8.609
1879	1.201.996	921.348	110.817	166.644	3.187
1880	1.268.315	1.004.753	114.077	140.897	8.588
1881	1.292.721	989.874	143.979	149.684	9.184
1882	1.219.951	974.871	108.160	132.465	4.455
1883	1.201.763	950.181	115.584	132.294	3.704
1884	1.219.386	946.164	122.504	148.171	2.547
1885	1.287.455	978.826	129.844	169.408	9.377
1886	1.340.940	1.000.358	116.682	218.627	5.273
1887	1.302.093	985.735	111.693	200.355	4.310
1888	1.310.858	932.713	126.629	249.561	1.955
1889	1.135.391	820.430	116.317	187.593	11.051

1890	1.007.214	696.169	120.658	179.724	10,663
1891	1.058.401	727,950	125.046	198.891	6.514
1892	981.380	666.012	113.966	195.415	5.987
1893	1.101.218	719 824	142.873	231.248	7.273
1894	1.126.306	736.159	141.197	239.198	9.752
1895	1.128.345	679.755	147.691	291.141	9.758
1896	1.035.910	551.821	131.239	342.855	9.995
1897	926.633	462.613	121.664	337.653	4.703
1898	930.530	512.338	112.071	301.442	4.679
1899	986.288	565.828	129.303	286.686	4.471
1900	837.225	522.160	121.215	191.672	2.178
1901	700.342	402.487	114.565	177.519	5.771
1902	918.804	415.665	153.470	344.753	4.916
1903	1.014.554	453.058	182.417	374.037	5.042
1904	877.701	452.989	145.843	270.761	8 108
1905	828.138	361.087	146.437	313.582	7.032
1906	849.203	363.423	125.146	354.847	5.787
1907	973.788	428.356	160.150	365.430	19.852
1908	953.232	414.528	171.812	357.319	9.573

1909	906.244	374.747	170.357	353.788	7.352
1910	943 956	383.150	179.068	372.877	8.861
1911	884.690	444.026	180.976	251.989	7.699
1912	896.117	389.683	187.580	306.303	12.551
1913	872.173	327.860	167.734	366.515	10.064
1914	904.644	370.915	161.320	353.127	19.282
1915	1.077.950	466.378	185.262	387.863	38.447
1916	932.969	392.042	180.668	338.794	21.465
1917	680.713	285.625	118.595	268.307	8.186
1918	244.466	105.815	91.148	45.456	2.047
1919	4173.98	174.662	151.023	86.722	4.991
1920	185.009	77.312	99 176	7.073	1.448
1921	260.257	82.601	161.851	14.240	1.565
1922	348.402	161.502	171.148	13.678	2.074
1923	484.688	272.570	172.141	5.209	34.768
1924	463.230	234.092	168.596	11.722	48.820
1925	503.795	199.251	194.259	85.830	24 455
1926	507.611	176.918	199.095	85.803	45.790
1927	527.484	150.507	201.526	104.718	70.733

1928	560.048	163.060	185.528	155.257	56.203
1929	573.178	178.149	211.710	146.769	36.550
1930	419.753	130.077	151.046	110.305	28.307
1931	425.290	103.701	177.520	100.784	43.285
1932	395.266	88 994	166.140	128.020	12.112
1933	419.578	98.185	174.480	111.972	34.941
1934	470.492	149.730	151.789	129.634	39.309
1935	318.404	104.752	154.008	96.912	25.732
1936	372 843	96 030	155.931	90 876	30.006
1937	406.572	115.658	153 998	86.955	49 961
1938	416.246	108.902	231.146	18.754	57.444
1939	225.578	51.645	139.125	2.089	32.719
1940	344.925	94.614	227.976	10 937	11.398

資料來源：根據中央研究院六十五年來中國對外貿易統計(1868 -1911)及中國海關報告册(1912—1939)編製

第二表　歷年各種茶出口價值　　單位：國幣元(1868——1940)

年份	總計	紅茶	綠茶	磚茶	其他茶
1868	41.409.625	32.540.192	8.137.747	591.987	139.699
1869	41.296.855	31.163.045	9'031.258	1.019.666	82 886
1870	33.734.857	24.207.486	8.934.877	561.308	31.186

一四五

四六

1871	44,922.913	33.959.488	10.117.813	840.507	5.105
1872	49.901.815	37.369.588	11.447.036	1.080.508	4.683
1873	43.779,241	36.206,702	6.404.856	1,166.290	1.393
1874	64.167.797	54.548 830	8.200.301	1.390.183	28.533
1875	57.174,723	46.334.597	7.736.218	3.079,306	24,602
1876	57.097.470	46.989,254	7.231.755	2.834.755	41.706
1877	51.943.926	42.307.457	6.758.877	2.740.566	137.026
1878	49.876,541	42.272.306	5.331,830	2.109.948	162.457
1879	51.837.370	42.877.335	6,713.075	2.169.696	77,264
1880	55.664.488	45.647.512	6.538,055	3.322.130	156.791
1881	51.243.038	40.820.487	7.956.011	2 287,431	179.109
1882	48.815,579	40 318.295	6.373,622	2,031.576	92.086
1883	50.127.116	41.645.870	6.080.053	2.338.566	62,627
1834	45.267.911	36,061 664	6.862,943	2.309 852	33.452
1885	50.275.164	41.330.915	6.492.155	2,355,501	96,593
1886	52,200.509	43,147.729	5 533.637	3.455.787	63.356
1887	46 804.034	38,410.474	4.745,464	3.602.322	45.774
1888	47.197.885	36.986.876	6,367 892	3.822,424	19,693
1889	44.024 896	34.297,697	5.950.057	3.473 690	303.452

1890	41.541.655	32.063.356	5.765.360	3.329.010	383.929
1891	48.342.534	38.917.686	5.524.529	3.628.200	272.119
1892	40.482.293	31.145.296	5.432.129	3.603.933	300.935
1893	47.610.491	34.182.592	8.888.843	4.170.009	369.047
1894	49 629.428	35.749.863	9.050.544	4.360.706	468.315
1895	50.556.886	36.004.620	7.622.866	6.386.415	542.985
1896	46.984.429	30.239.979	8.771.649	7.402.518	570.283
1897	45 519.379	26.713.516	9.352.623	9.194.620	258.620
1898	44.994.233	30.295.661	6 934.873	7.445.032	318.667
1899	49.028.857	34 001.611	7.527.857	7.146.680	352.709
1900	39 642.999	27.409.406	7.350.222	4.792.981	90.390
1901	28.842.983	17.775.023	6.851.920	3.991.213	224.827
1902	35.615.614	18.872.129	10.214.147	6.291.569	237.769
1903	41.027.709	20.464.135	13.028.890	7.282.279	252.405
1904	47.054.660	25.812.626	14.753.850	6.206.692	281.492
1905	39.644.325	19.819.650	12.919.674	6.626.202	278.799
1906	41.488.963	19.089.423	11.911.566	10.089.148	398 826
1907	49.444.705	24.048.162	14.290.498	10.543.221	562 824
1908	51.309.832	23.745.084	15.225.254	12.035.541	303 953

一四七

1909	52.297.476	24.427.189	15.167.937	12.322.771	379.579
1910	55.980.758	27.880.463	15.080.463	12.679.928	339.904
1911	59.726.520	33.342.890	16.815.823	9.228.409	339.398
1912	52.625.371	24.541.423	17.194.697	10.491.667	397.584
1913	52.873.487	22.316.937	16.966.100	13.160.585	429.865
1914	56.800.103	25.245.126	16.803.940	14.075.406	675.631
1915	86.566.404	42.995.800	23.760.636	18.181.648	1.628.320
1916	67.867.130	29.556.806	22.172.376	15.142.537	995.411
1917	45.349.777	19.312.691	13.969.202	11.697.611	370.273
1918	21.916.188	8.929.344	10.974.526	1.966.888	45.430
1919	34.896.763	13.705.614	17.224.640	3.823.369	143.140
1920	13.824.344	4.966.581	8.350.191	468.405	39.167
1921	19.639.818	5.714.610	13.334.547	535.368	55.293
1922	26.433.144	10.828.907	15.067.720	486.817	49.700
1923	35.686.520	21.798.849	13.026.045	247.215	614.411
1924	32.916.211	18.492.874	12.924.397	429.611	1.069.329
1925	34.502.982	15.012.765	14.868.136	3.922.664	699.422
1926	40.765.487	14.546.704	19.226.648	5.547.138	1.444.997
1927	49.259.206	14.609.905	23.907.243	7.629.034	3.113.024

1928	57.854.543	18.180.139	22.561.197	14.793.163	2.320.044
1929	64.271.284	19.206.813	29.387.832	14.530.954	1.145.685
1930	40.950.352	17.103.191	18.790.719	4.104.317	952.125
1931	51.808.421	14.211.590	28.806.844	7.318.158	1.471.829
1932	38.577.697	12.292.628	21.005.723	4.676.070	603.276
1933	34.210.037	9.416.749	20.332.962	3.261.896	1.198.430
1934	36.098.549	12.164.226	18.501.929	3.859.384	1.573 010
1935	29.624.184	7.854.170	18.045.507	2.715.087	1.009.420
1936	30.661.711	7.968.396	19.192.267	2.305.565	1.195.483
1937	30.787.274	10.085.558	16.422.669	2.251.068	2.027.979
1938	33.054.085	8.808.782	21 598.431	638.367	2.008.505
1939	30.385.831	9.043.507	19.762.234	91.724	1.488.366
1940	104.571.195	23.002.650	69.973.724	……	1.557.595

資料來源：同前表

第三表　歷年各種茶出口數量國別表　（單位：公担）

年份	★總計	英國	美國	蘇聯	阿爾及耳及摩洛哥	香港
1912	896.117	59.212	95.292	507.835	——	57.932
1913	872.173	46.016	86.990	547.920	——	62.521

1914	904.644	85.151	103.129	545.954	——	52.605
1915	1.077.950	102.814	83.263	703.275	——	71.763
1916	932 971	72.690	88.018	634.972	——	78.403
1917	680.711	21.140	103.782	443.706	——	47.435
1918	244.467	22.579	43.786	57.881	——	53.749
1919	417.399	129.055	50.550	99.992	——	58.833
1920	185.010	21.946	43.148	6.995	——	57.822
1921	260.257	19 059	77.139	14.947	——	72.983
1922	348.403	45.910	73.337	16.688	——	66.166
1923	484.690	101.328	85.247	7.352	——	79.638
1924	463 229	124.269	48.064	32.318	——	75.208
1925	503.795	29.001	65.864	166.018	——	56.759
1926	507.609	64.911	57.333	135.570	——	57.322
1927	527.481	53.587	53.598	182.032	——	71.115
1928	560.049	36.368	46.021	215.746	——	74.492
1929	573.177	37.997	35.010	225.750	——	69.181
1930	419.753	39.870	38.153	134.311	——	56.086
1931	425.293	34.133	39.890	145.648	38.891	54.600
+1932	395.464	24.619	31.122	139.260	88.246	49.129

+1933	419.610	35.648	38.945	142.936	88.785	30.362
+1934	470.698	80.719	32.821	155.718	90.247	28.940
+1935	381.516	19.748	33.514	115.591	95.641	23.258
+1936	372.998	35.094	28.407	96.261	103.555	29.493
+1937	407.044	56.969	32.972	98.661	90.082	41.705
+1938	416.386	9.023	21.660	2.409	91.578	239.099
+1939	225.672	2.988	10.336	——	55.857	118.241
+1640	344.925	9.804	13.618	——	28.688	234.954

註★出口總數，未列名各國在內。

十自一九三二始，國別數字爲出口總值。

資料來源：一根據歷年海關報告冊編製。

第四表　歷年各種茶出口價值國別表　（單位：國幣元）

年份	✿總計	英國	美國	蘇聯	阿爾及耳及摩洛哥	香港
1912	52 625.372	3.595.937	6.190.124	24.263.060	—	3.894.160
1913	52.873 485	3.189.039	6.204.724	26 748.730	—	4.382.138
1914	56.800.102	5.846.816	9.246.334	27.921.597	—	3.452.335
1915	86.566.405	8.626.070	9.987.548	49.456.094	—	5.323.147
1916	67.867.129	6.898.551	8.565.417	41.610.313	—	4.917.621
1917	45.349.776	1.877.952	10.428 933	23.901.767	—	2.736.421

一五二

1918	21.916.186	2.517.896	5.064.600	3.334.185	—	3.597.501
1919	34 896.764	12.096.709	5.870.002	5.305.118	—	5.400.858
1920	13.824.342	1.796.519	3.893 445	624.591	—	2.879.014
1921	19.639.817	1.392.436	7.000.544	583.767	—	3.701.155
1922	26.433.146	3.091.345	6 036.454	718.081	—	3.457.029
1923	35.686.522	7.611.668	7.288.442	510.801	—	4.415.427
1924	32.916.209	7.886.196	3.698.176	2.068.987	—	4.544.273
1925	34.502.983	2.006.296	4.82×.295	9.758.401	—	3.809.447
1926	40.765.485	4.657.854	4.435.218	10.140.274	—	4.128.061
1927	49.259.206	4.456.643	5.437.376	16.027.751	—	5.519.636
1928	57.854.548	4.109.596	5.099.691	21.724.659	—	6.377.675
1929	64.271.282	3.996.497	5.048.545	23.773.519	—	5.945.175
1930	40.950.353	4.847.664	4.804.545	7.711 221	—	5.046.635
1931	51.808.419	5.503.177	5.170.494	13.633.405	9.517.783	4.122.695
十1932	38.593.653	4.639.862	3.040.373	5.859.451	12.465.930	5.442.093
十1933	34.213 829	3.848.374	3.704.580	5.822.898	11.436.729	1 866.777
十1934	36.120.747	6.848.521	2.991.314	5.608.956	11.485.252	1.675.566
十1935	29.643.908	2.930.848	2.876.531	3.989.482	12.465.480	1.308.935
十1936	30.673.981	3.169.233	2.690.782	2.829.001	13.563.490	1 669.479
十1937	30.824.114	5.187.919	2.873.759	2.868.995	10.007.024	2.777.392
十1938	33.069.026	809.441	1.905.181	243.078	8.750.468	17.672.659
十1939	30.394.459	265.522	1.535.668	—	7.946.802	18 190.761
十1940	104.571.195	1.867.761	6.181.465	—	15.627.482	60.879.673

註同前表